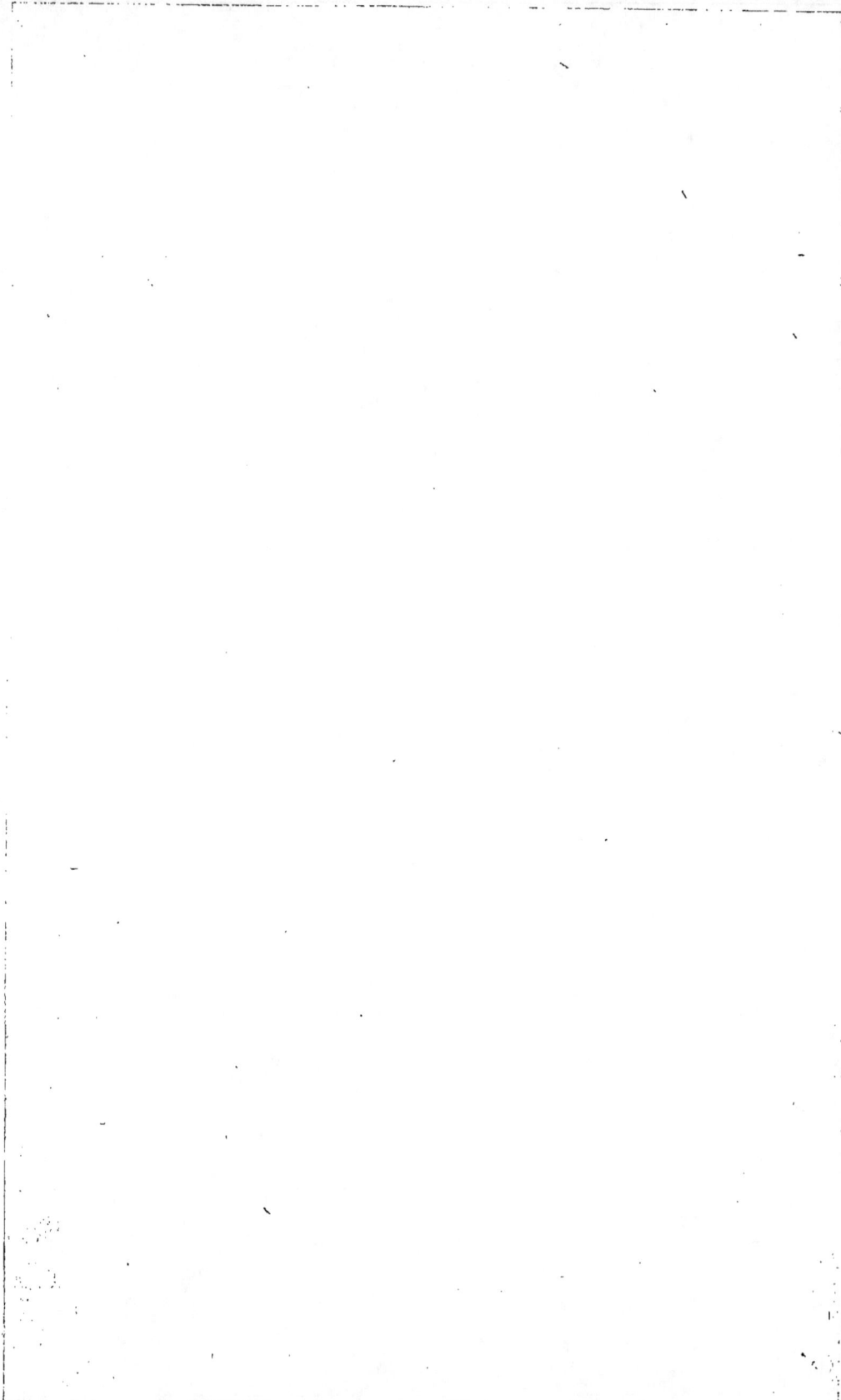

LE SIÉGE

DE

BEAUVAIS.

(1472.)

PAR M. DUPONT - WHITE.

..... Ubi plus mors quam vita sperabatur
et desolatio quam salus.

*(Extrait des Contredits fournis au Parlement
par la ville , en 1485.)*

———◦———

BEAUVAIS,

IMPRIMERIE D'ACHILLE DESJARDINS.
1848.

LE SIÉGE DE BEAUVAIS.^(*)

(1472).

§ . I.

En 1472, le duc de Bourgogne était à l'apogée de sa puissance. Frère d'arme et intime allié du duc de Bretagne, en secrète intelligence avec l'Aragon et toute la grande vassalité du Midi, si fière et si remuante, prêt à donner sa fille au duc de Lorraine, en négociations ouvertes avec son beau-frère Edouard d'Angleterre, il s'apprêtait à recommencer la guerre du *bien public* et à venger l'inexécution des traités de Péronne et de Conflans. Sous les auspices du jeune frère du roi, Charles, duc de Guyenne et de Normandie, une for-

(*) Le désir de mettre en lumière des documens inédits et contemporains du siége, récemment découverts dans la bibliothéque de feu M. *Le Caron de Troussures*, peut seul expliquer comment on ose recommencer le récit de ce siége, après les plumes renommées qui l'ont déjà raconté.

midable coalition allait fondre sur Louis XI. Pendant qu'Edouard descendrait en Normandie et que Charles-le-Téméraire percerait en Picardie, le roi allait voir toutes les forces des duchés de Lorraine, de Bretagne et de Guyenne, pénétrer dans ses Etats, lorsque *le ciel ou l'enfer le secourut : le ciel si la mort de son frère fut naturelle, l'enfer si elle fut provoquée* (1). Toujours est-il qu'avec le frère du roi, les coalisés perdaient leur drapeau, leur point de ralliement et le prétexte de la guerre.

Par le traité de Conflans, Louis XI avait fait abandon au duc de Bourgogne des villes de la Somme en toute souveraineté, ainsi que des prévôtés de Vimeu, Beauvaisis et Fouilloy (2) ; mais ces dernières sous pacte de rachat de 200,000 écus d'or. Or, le premier soin du roi, avait été de reprendre ces villes et de ne tenir aucun compte de la cession des prévôtés (3). De là, entre les deux princes, reprise des hostilités suspendues l'année précédente par la trève de Picquigny.

Aussitôt son frère mort, Louis XI, qui depuis plusieurs mois leurrait son cousin de Bourgogne de la restitution *des villes de la*

---

(1) Anquetil. Hist. de France.

(2) Voici les termes du traité supplémentaire de Conflans :

» . . . . . . Et depuis, par autres lettres du 13e jour du mois d'octobre » 1465, mondit seigneur le roi, en ajoustant au bail et transport à nous fait desdites terres, nous ait baillé et transporté les prévostés de Vimeu, *Beauvoisis* et Fouilloy et appartenances et appendances quelconques estants au baillage d'Amiens, pour en jouir en la forme et manière et sous telles réservations de rachats...... tout ainsi que si lesdites prévostés étaient nominement et expressement spécifiées en ses dites lettres contenant bail et transport des dites terres dessus déclarées.

(Preuves des mémoires de Commines, t. IV. p. 82, 83.)

(3) De telle sorte que lorsque le duc avait voulu asseoir des tailles et aides sur ces prévôtés, les trésoriers généraux du Roi lui avaient refusé mandement à cette fin ; et d'autre part, en cas d'appel de l'arrière-ban, ou, quand, sur l'ordre du roi, le capitaine des francs-archers du Beauvaisis convoquait ceux de cette province à jour marqué, à Beauvais, Charles soutenait que ces prévôtés lui ayant été cédées par le roi, ne devaient recevoir d'ordre que de lui.

(Hist. de Louis XI, par Duclos, t. 4. p. 310.)

Somme, leva le masque et répondit aux envoyés de Charles : *Quand le gibier est pris il n'y a plus de serment à jurer.* A cette réponse on peut se figurer la fureur du duc de Bourgogne. Sans attendre l'expiration de la trève, il passe la Somme et entre sur les terres du roi, résolu de tout mettre à feu et à sang, et précédé d'un manifeste où les noms de parjure et d'empoisonneur n'étaient pas épargnés à Louis XI.

Quelle était, dans ce moment si critique, là situation intérieure de la ville de Beauvais? Son évêque, Jean de Bar, était en médiocre recommandation près des Beauvaisins. Il était taxé d'avarice et d'avidité. On l'accusait, à peine promu, *d'avoir appelé séparément dans son hôtel les principaux bourgeois de la ville. A mesure qu'ils arrivaient, il exigeait d'eux de grosses sommes et envoyait les refusans dans sa tour de Craoul, ou en autres fortes et obscures prisons, tellement qu'il obtint des uns deux cents écus, des autres six vingts ou quatre-vingts. Forcé de restituer, il ne rendit jamais qu'une livre par écu, et garda de la haine contre les réclamans* (1).

Cet évêque était loin d'être dans les bonnes grâces du roi. Déjà suspect par sa famille (2), il était soupçonné d'intelligences avec le duc de Normandie, et un récent voyage qu'il avait fait à Rouen lors de l'entrée du jeune frère du roi dans cette ville, avait fait naître chez l'ombrageux monarque des soupçons de trahison que toutes les justifications de Jean de Bar n'avaient pu dissiper. La vérité est qu'il eût pu trahir le roi et qu'alors il en avait été vivement pressé, mais il ne l'avait pas voulu. C'en était déjà trop aux yeux de Louis XI.

Le Chapitre murmurait du retrait de la Pragmatique qui lui enlevait l'élection des évêques, et de la lourdeur des impôts qu'entraînaient un commencement d'armée permanente et le besoin de forti-

---

(1) Contredits fournis par la ville, dans le procès intenté devant le Parlement par Jean de Bar.

(2) Son père, seigneur de Baugy en Berry, et compagnon d'armes de Dunois, avait été, ainsi que son frère aîné, en faveur près de Charles VII. On sait que la disgrâce et la destitution de tous les serviteurs du feu roi, firent de nombreux mécontens et causèrent la guerre du *bien public* contre Louis XI. (*Godefroid-Hermand.*)

fier les villes. Tout en se soumettant à la nouvelle taxe sur le vin, il avait stipulé que les caves canoniales ne seraient visitées que par des officiers ecclésiastiques, et il veillait avec un soin jaloux à ce que le produit de l'impôt fût, selon sa destination, strictement appliqué aux forteresses de la ville (1). Du reste, toujours prêts, malgré d'incessantes contestations, à s'unir à la ville quand l'intérêt commun l'exigeait, les chanoines étaient Beauvaisins avant tout, et chez eux la défense de leurs immunités ne primait pas le sentiment patriotique.

Quant à la commune, le roi y était assez populaire. Sans doute les subsides y semblaient bien lourds, mais après tout, ils n'étaient pas au-dessus des forces d'une ville riche et commerçante dont la paix et l'ordre étaient le premier besoin.

Or, depuis la paix de 1450, le pays était comparativement tranquille, les nouveaux gens d'armes de l'ordonnance du roi, plus disciplinés et mieux payés dans leurs garnisons, ne ravageaient plus le plat pays comme du temps des guerres anglaises les anciennes compagnies le faisaient à la ruine du commerce (2).

L'année précédente, Beauvais avait été visité par le roi; il avait trop à cœur de s'appuyer sur les grands centres et de bien munir ses places frontières pour n'en avoir pas compris l'importance, et depuis deux ans il n'avait cessé d'avoir l'œil à ses fortifications comme à celles d'Amiens et de Compiègne. Nul doute que selon sa coutume, Louis XI, dans cette visite, n'ait été prodigue de caresses et de bonnes paroles.

Peu prévenus pour ces guerres féodales, qui pour eux se résolvaient en un surcroît d'impôts, les Beauvaisins avaient un penchant d'instinct pour ce roi bourgeois qui comprenait si bien l'importance de ses bonnes villes, qui les visitait, les choyait, augmentait leurs forteresses, et parlait sans cesse d'accroître ou de restituer leurs privilèges. Comment n'être pas dévoué à un prince qui s'était fait le chef des métiers de Paris, était de nom et souvent de fait le compère

(1) M. l'abbé Delettre, Histoire du Diocèse de Beauvais.

(2) Sous prétexte de fourrages ou d'*apatis*, ces anciens soudards détroussaient les voyageurs, les paysans et les convois de marchands.

de tout homme, si petit qu'il fût, dans lequel il entrevoyait un bon serviteur, à un prince qui encourageait les fabriques, et qui, dans le plus grand feu de la guerre, sachant protéger le commerce par ses *trèves marchandes*, était d'ailleurs passé maître en cajoleries, belles promesses, séductions de langage et d'argent.

Car si le roi était l'homme le moins honnête de son royaume, il en était peut-être le plus habile, le plus actif et le plus subtil. En gens avisés eux-mêmes et habitués aux affaires, les chefs de la ville étaient capables de l'apprécier, et l'on peut croire qu'ils avaient pris toute confiance dans la politique ferme et clairvoyante de ce roi sans faste et mal vêtu, qui du moins ne ruinait pas son peuple en équipages, *de ce bon vieux rompu* (1) qui portait tout son conseil sous son crasseux chaperon.

La nouvelle du passage de la Somme par l'armée du duc parvint bientôt à Beauvais. L'incendie des églises, le pillage des villes et des villages. le massacre des garnisons lui servaient d'avant-coureurs. Vers le 18 juin, on avait vu rentrer en ville Louis de Balagny et le châtelain de Mouy en piteux équipage, trop heureux d'avoir pu s'échapper de Roye *en pourpoint et le bâton à la main* (2). Du reste, cette circonstance et le dénument de la ville sont si bien caractérisés par un écrivain contemporain et local, le chanoine de Bonneuil, que nous devons religieusement transcrire ses propres paroles (5) : « En » dedans la ville n'était que le capitaine de ladite ville nommé Loys » de Balagny et trois à quatre hommes d'armes de sa compagnie, » lesquels ne avaient quelques armures, car huit jours devant les » avaient perdues à Roye où ils avaient été en garnison, qui avait » été prinse des Bourguignons, et n'avait autres gens de guerre que » les habitans et gens du pays qui étaient retraits dedans. »

---

(1) *Rompu, roué.* Epithète très justement appliquée à ce roi par Brantôme.

(2) Mémoires de Commines.

(3) Nous avons été assez heureux pour retrouver une partie du texte original des notes historiques tenues jour par jour pendant le siége par le chanoine de Bonneuil, qui était trésorier de la fabrique de Saint-Pierre. Nous ne manquerons pas de les citer scrupuleusement dans le cours de ce récit.

Le vendredi soir, 26 juin, on connut l'occupation de Montdidier, la prise de Breteuil, et les chevaucheurs de Beauvais, envoyés à la découverte, avaient vu l'église de Montreuil-sur-Brêche livrée aux flammes par des coureurs bourguignons. On racontait que les bagages de l'armée ennemie occupaient seuls cinq lieues de chemin.

La situation de la ville était terrible : dépourvue de troupes, sans grosse artillerie, faiblement approvisionnée de munitions de guerre ; elle savait le roi alors à plus de cent lieues sur les frontières de Bretagne. Son évêque, médiocrement dévoué au roi, épouvanté de la lutte qui s'annonçait, était évidemment au-dessous du rôle que les circonstances semblaient lui imposer. En l'absence du roi, c'est du connétable de Saint-Pol qu'une ville aussi menacée eût pu attendre secours ; mais le conseil de ville connaissait sa foi douteuse, ses intrigues sans nombre avec son ancien maître, son arrogante et insatiable ambition ; et bien qu'on le sût alors au château de Mouy, à quatre lieues de Beauvais, on verra qu'en ne s'adressant pas à lui, l'échevinage fit preuve de prudence et de loyauté.

Telle était la situation des choses, dans une ville qui voyait marcher contre elle le plus riche prince de l'Europe, Charles-le-Téméraire, ivre de colère et de sang, à la tête d'une armée de quatre-vingt mille hommes, entouré de conseillers et d'hommes de guerre tels que Commine, Himbercourt et Philippe de Crèvecœur, traînant après lui la plus formidable artillerie de l'Europe, et se montrant disposé à user de toute cette puissance plutôt comme un vandale que comme un prince chrétien.

En fait de menaces de siége, d'invasions, de prises d'armes, l'échevinage n'en était pas à son coup d'essai ; l'on savait à Beauvais à quelles conditions une ville jurée peut se maintenir libre, et ces conditions on les remplissait. Le maire *Guillaume Binet,* avait donc convoqué une assemblée générale. Au corps de ville (1) s'étaient réunis

(1) En juin 147?, les douze Pairs de la ville étaient :

Pierre de Creil,	Pierre de Lignières,	Jehan Lequeux,
Pierre Mauger,	Nicolas Chofflart,	Jehan de Cagneux,
Jehan Mercadé,	Guillaume le Voignier,	Percheval d'Eu,
Noël de Catheu,	Pierre de la Benne,	Jehan de Provins.

(Extrait de Mémoires et Titres anciens, tant du secret de la ville que des plus notables familles d'icelle.)

Louis de Balagny et son lieutenant *Jehan Legoix*, *Louis de Feu-quières*, bailli de l'évêque, des députés du chapitre, Messires *de Vil-lers-Saint-Paul, de Boubiers* et *Jehan Le Masson*, abbés de Saint-Lucien, Saint-Quentin et Saint-Symphorien, et quelques autres notables personnages. Là, toutes les nouvelles menaçantes qui se répandaient, avaient été commentées, et elles étaient faites pour ébranler l'opinion d'abord généralement répandue que le duc allait se jeter sur la Normandie, et qu'il n'attaquerait pas Beauvais. L'évêque, il est vrai, faisait savoir qu'il avait mandé au roi l'approche du duc et le danger que courait la ville (1). Mais le roi était bien loin et le duc bien près.

Dans cette extrémité, Jean de Rheims, seigneur de Troissereux, s'était offert de partir sur l'heure pour Noyon, et d'en amener la garnison. Son offre avait été agréée, et de suite il était monté à cheval.

Dans ces temps calamiteux, les traditions de défenses ne man-

---

(1) C'est ce que prouve cette réponse de Louis XI, datée du Pont-de-Cé, le 28ᵉ jour de juin 1472 ; elle est entièrement inédite :

« *A Notre amé et féal conseiller évêque de Beauvais.*

» Monsieur de Beauvais,

» J'ai reçu vos lettres par lesquelles me advertissez de la venue du duc » de Bourgogne ès-marches de par delà, aussi des exploits qu'il a faits et de » donner provision à la garde et sûreté de la ville de Beauvais dont et de » votre advertissement je vous sais très-bon gré et vous en mercie ; et au » regard de la provision j'ai donné charge à M. le connétable des marches » de par delà, aussi y ai envoyé Monsieur le grand-maître, le sénéchal de » Poitou et autres chefs de guerre et il y a un bon nombre de gens d'armes » qui s'en va après eux devers lesquels pourrez envoyer s'il en est néces-» sité et y donneront la provision telle que sera besoin pour la garde et » sûreté de ladite ville......... Aussi j'ai espérance de bien brief me tirer » ès-marches de par delà. Si je vous prie, Monsieur de Beauvais, que met-» tiez en peine de faire tout en point au mieux que pourrez les habitans » de ladite ville de Beauvais pour la garde et défense d'icelle, et au sur-» plus tout ce que vous verrez être nécessaire pour la sûreté de ladite ville » vous y employer comme je y ai une espéciale confiance. »

(Collection de feu M. le Caron de Troussures.)

quaient pas. On résolut de détruire autour de Beauvais tous les arbres non portant fruit. La porte Saint-Jean et toutes les poternes furent murées, terrassées, barricadées; le guet fut doublée, la garde des portes augmentée, les chefs des quartiers avertis. Dans chaque corporation, on prévint les mayeurs de bannières de se tenir prêts.

Les évènemens du reste parlaient plus haut encore que ces avis du conseil. Par toutes les entrées de la ville, on voyait arriver de longues files de gens de campagne poussant devant eux leurs bestiaux, et transportant derrière les murailles ce qu'ils avaient de plus précieux. Des châteaux et des abbayes d'alentour, on venait chercher asyle à Beauvais. Dans les hôtels, dans les nombreux refuges de la ville affluaient les gentilshommes, les moines et les religieuses des environs. Déjà, comme en temps d'invasion, les reliques de Saint-Lucien et de Saint-Germer avaient été transportées dans la cité. Sur les places et dans les carrefours on voyait amoncelés les meubles, les hardes des villageois, et jusqu'à leurs pauvres lits autour desquels les mères rassemblaient leurs petits enfans. En attendant que s'ouvrissent, pour ces malheureux réfugiés, les profondes caves de chaque maison, c'était là que se racontaient les lamentables désastres des derniers jours, les cruautés commises à Nesle, les francs-archers mutilés (1) et passés au fil de l'épée, leur capitaine mis à une potence, femmes, enfans et vieillards indistinctement massacrés, le duc entrant à cheval dans l'église où des monceaux de cadavres gisaient *dans demi-pied de sang*, et s'écriant : *J'ai de bons bouchers et voilà une belle vue* (2) !

---

(1) Par l'ordre de Charles-le-Téméraire, ils avaient eu le poing coupé.

(2) Ph. de Commines, Anquetil, M. de Barante.

§. II.

Le samedi 27 juin, le réveil des Beauvaisins fut terrible. Au point du jour des couvreurs qui travaillaient sur les hauts combles de la cathédrale voient le fond de la plaine de Tillé se couvrir de chevaucheurs et de soldats bourguignons. Ils avertissent en sonnant les *cloquettes* de Saint-Pierre (1). De suite le beffroi voisin s'ébranle, donne le signal de l'alarme, et bientôt les cloches des douze paroisses de l'échevinage lui répondent. En un instant toute la ville est sur pied ; on ne voit partout qu'hommes en armes, arquebusiers et moines, gentilshommes et villageois, bourgeois courant au conseil de ville, gens de métiers se rangeant sous les bannières de leurs corporations à la voix des dizainiers et des cinquantainiers. A l'hôtel-de-ville, le maire, armé de pied en cap, faisait distribuer des armes ; on s'arrachait les arcs, dagues, demi-lances et *autres bâtons d'armes* ; les fourbisseurs vendaient leurs dernières arquebuses. De ce tumulte sortaient d'instant en instant des files d'hommes armés se rendant à des postes assignés d'avance ; les uns couraient aux principales portes, d'autres allaient se ranger silencieusement sur les remparts.

---

(1) Manuscrit de Jean de Bonneuil.

Vers huit heures, les Bourguignons *étaient devant Beauvais en grande puissance et en grand nombre* (1). Alors on vit descendre vers la porte de l'Hôtel-Dieu, précédé de deux trompettes, un cavalier qu'à sa croix rouge de saint André on reconnut pour le héraut d'armes de Bourgogne; défense lui fut faite d'avancer à plus d'un jet d'arc. Il accomplit sa mission : la cérémonie fut courte. *De par le duc, il somma le capitaine et les habitans de la ville que l'on lui fesit obéissance, ce qu'on lui dénia* (2).

A l'appui de cette grande résolution, les chefs de la ville allaient apporter tout ce que la prudence peut ajouter au courage. D'anciens malheurs, et de récentes épreuves donnaient au gouvernement communal l'expérience des crises et l'habitude de faire face au danger.

Dans un conseil tenu aux halles, on avait pris à la hâte les plus urgentes mesures. Les chefs des quartiers se sont partagés la défense des murailles; les chaînes sont tendues; le maître des forteresses, Jean Couras, fait *habiller tous les arbalètes et canons de la ville*. Pierre de Creil, chargé de l'inventaire des vivres, court à Pontoise avec Nicolas Le Boucher pourvoir aux approvisionnemens. Le maire dépêche son fils à Paris pour demander secours en hommes, armes et munitions, et exposer l'extrême détresse de la ville. Des courriers, chargés de lettres, sont expédiés, appelant à l'aide de la commune Amiens, Senlis, Compiègne et Rouen.

Tout ce qui n'est pas aux créneaux est en prières dans les églises. Des jeunes filles sortant de Saint-Michel portent aux remparts la châsse vénérée de sainte Angadrême, de cette bonne sainte qui jadis sauva la cité de la fureur des Normands. C'est le signal des grandes calamités, le palladium de la ville; aussi, avec quel respect la foule s'ouvre devant elle et se signe sur son passage. En la voyant s'avancer sur les remparts, on se répète que naguère, sur ces mêmes murailles, sa tutélaire apparition a deux fois fait reculer les Anglais, et tous les fronts se courbent, tous les genoux fléchissent devant elle.

A cette humble attitude des Beauvaisins, les avant-postes bourguignons eussent pu prendre le change et partager l'erreur de ce chef Anglais qui, voyant les Montagnards d'Ecosse s'agenouiller sur

---

(1) Manuscrit de Jean de Bonneuil.

(2) *Idem.*

un champ de bataille, s'écriait : *Les Ecossais se mettent à genoux; ils se rendent, voyez ils demandent merci.* — *Oui*, répondit Ingelrand d'Umfraville, *mais ce n'est pas à nous.... Ils vaincront ou mourront.*

Telle était en effet la ferme résolution des Beauvaisins : comme tout ce qui est grand, cette pensée jaillit unanime du cœur de tout le peuple. Devant les saintes inspirations du dévouement se taisaient les froids conseils de la peur et les calculs de l'intérêt. Du premier au dernier tous voulaient mourir pour la commune, tous résolus à sauver l'honneur de ses remparts ou à s'ensevelir sous leurs débris, s'élevaient à cette vie supérieure où l'âme domine le corps, où la force du désespoir et le mépris de la mort confèrent aux hommes cette puissance qui fait les prodiges.

Pendant que ces choses tenaient la ville presque entière sur les remparts du nord, une toute autre scène se passait à la porte de Paris. Cette porte était une véritable forteresse que gardaient de nombreux communiers de Saint-Jacques et de Beauvais. Au milieu d'eux se trouvait en ce moment *Jehan Legoix*, lieutenant du capitaine.

Tout-à-coup les gardiens voient accourir une grande foule de peuple leur criant : *Fermez! fermez! Véci Monsieur de Beauvais entre ci et Saint-Thomas, qui s'en veut fuir* (1).

De suite le lieutenant fait fermer la porte. L'indignation de tous ces communiers était grande; l'un veut baisser le pont, un autre, *Pierre Bourgeois*, demande *qu'on lui baille les clefs, et qu'il les jettera pardessus la muraille dans la rivière* (2).

Bientôt paraît l'Evêque, à cheval, vêtu d'une brigandine (3), houssé et éperonné, la javeline en main. Il est entouré de six ou sept cavaliers, ses gens et officiers; l'un d'eux porte devant lui sa vaisselle dans une bouge verte.

(1) Information faite les 29, 30 juillet, 5 août 1485, sur la fuite de Messire Jean de Bar, lors du siége des Bourguignons. (*Archives de la ville. Laiette J.*)

(2) *Idem.*

(3) Une cotte de maille. (*Idem.*)

Ouvrez ! ouvrez ! s'écrie l'Evêque ; à quoi *honorable homme et sage Jehan Legoix* lui répond *que c'est mal fait à lui de délaisser la ville en pareil moment ; qu'il montre mauvais chemin aux habitans, et qu'il ne s'en ira pas* (1).

L'Evêque insiste, et deux de ses sergens voulant arracher les clés à *Laurent Lecomte*, lèvent la main sur ce gardien qui passe les clés à *Ninet Le Filassier* son ancien ; déjà, sur l'ordre du lieutenant, *Pernot Le Blanc* et *Jehan Borel* avaient croisé leurs hallebardes quand un jeune laboureur de Villers-sur-Thère, *Oudinet Duclos*, crie à Jean de Bar, en l'ajustant de son arc bandé : *Si vous ne retournez, je vous mettrai la flèche dedans le corps* (2).

Des cris de rage, des huées injurieuses s'élèvent de toutes parts. *Ah ! Monsieur, vous vous dites Seigneur de la ville, et vous vous enfuyez !....* On l'appelait traître ; les plus modérés criaient *qu'il avait hâte d'être hors la ville, arrière des horions et point réveillé des canons et bombardes des Bourguignons. Si que c'était grande horreur d'ouïr le cri et murmuration du peuple* (5).

C'est alors que préludant au rôle énergique qu'allaient prendre les femmes de Beauvais, dans la terrible lutte qui commençait ; c'est alors que la dame *de Bréquigny*, saisissant par la bride le cheval de Jean de Bar, le fit résolument retourner, s'écriant : *qu'il ne partirait ja de la ville, et qu'il vivrait ou mourrait avec eux ; à quoi icelui évêque répondit qu'il eût mieux valu hors la ville que dedans* (4).

Force lui fut de se départir de son projet, ce qu'il ne fit toutefois *qu'en jurant par la mort de Dieu qu'il s'échapperait par là ou ailleurs, qu'ils le voulussent ou non*, brandissant la javeline et proférant des menaces (5).

A quelques pas de là, une femme lui criant de sa porte : *Mon-*

---

(1) Information.

(2) *Idem.*

(3) Extrait des Contredits fournis au Parlement par la ville, contre Messire Jean de Bar, au sujet de la charte pour la justice. (*Archives de la ville.*)

(4) Information.

(5) *Idem.*

sieur, je vous prie que vous alliez prier Dieu pour nous, il lui répliqua : *Ma mie, on fait le pis pour le mieux* (5).

Parvenu devant l'église Saint-Sauveur, d'où sortait l'abbé de Saint-Lucien, l'Evêque exhale plus violemment son courroux, et aux nombreux fidèles qui lui demandent sa bénédiction, *afin que s'ils meurent ils soient mieux en voie de salut*, il répond : *Allez, allez, maudits puissiez-vous être; il ne me convient ici mourir pour vous* (1). Paroles qui n'étaient pas plus d'un Evêque que sa tentative de départ n'était d'un comte de Beauvais.

Le lieutenant Legoix dépêcha quelques communiers à Nicolas Ladain, qui commandait à la porte Limaçon, afin qu'il y fît bonne garde et s'opposât à la fuite de l'Evêque.

Ce lieutenant et les gardiens de la porte de Paris venaient de rendre à la ville un signalé service (2). Lorsque deux jours après l'Evêque parvint à s'échapper, cette défection, au dire des contemporains, *étonna plus les gens de guerre que n'avaient fait les assauts*. Nul doute que, s'il fût parti dans ces premiers et décisifs momens, lorsqu'aucun secours n'était encore arrivé, la ville était perdue. Son départ eût donné le signal de la fuite au nombreux troupeau des faibles et des vacillans, *car il était lors suivi d'une grande multitude de la ville qui n'attendait que son partement pour en partir quant et lui* (5).

Pour être juste envers l'Evêque, il faut dire qu'il ne cessa jamais de protester qu'il n'était sorti de sa ville qu'afin de la mieux défendre, et il faut reconnaître qu'à Paris il mit tout en œuvre pour moyenner et hâter l'envoi des secours. S'il se trompa sur ce qui était

---

(1) Information.

(2) *Idem.*

(3) Voici de ces braves communiers ceux dont les noms ont pu être conservés : Jehan Legoix, Oudinet Duclos, Pierre Bourgeois, Laurent Lecomte, Ninet Le Filassier, Pernot Le Blanc, Jehan Borel, Martin Ticquet, Martin Sauvale, Simon Coulombel, Martin Bourgeois, Jehan Cordier dit l'Hermite, Jacotin Latour, Jehan le Monnier, Robin Lenoir, Jehan de Provins, Noël de Catheu, Jehan Lerat, Nicolas de Creil, Pierre du Berle, Pierre Boutellier.

(4) Information.

son devoir et le véritable intérêt de la cité, il le fit en présence d'un péril de nature à troubler l'âme la plus ferme. Un prélat diplomate et politique pouvait partir ; le vrai pasteur serait resté.

Du reste, si l'aspect du péril avait troublé l'esprit et le cœur de Jean de Bar, il avait produit un effet contraire sur la population de sa cité.

Philippe de Crevecœur (1), sachant la ville sans soldats et voulant profiter de la terreur qui précédait Charles-le-Téméraire, crut pouvoir la prendre par un coup de main, et résolut de *l'écheller*. Mais, outre que l'avant-garde qu'il commandait n'était pas munie de tous les engins propres à un assaut, ses échelles se trouvèrent trop courtes à raison de la largeur des fossés, et, voyant tomber sous les flèches des Beauvaisins ceux qui approchaient et voulaient tenter l'escalade, le chef de l'avant-garde fit avancer son artillerie : deux grandes couleuvrines sont braquées sur la porte de Bresles qui vole bientôt en éclats. Les Bourguignons s'y précipitent à travers une grêle de traits ; mais pendant que les fauconneaux du rempart Saint-André les prennent à revers et croisent les feux de la porte de Bresles, du haut de cette porte les assiégés font pleuvoir sur la tête des assaillans des blocs de pierre et de bois. A travers les machicoulis, ils lancent aussi des étoupes, des feux artificiels, des fascines enflammées. Le feu se communique aux débris de la porte, et le bois amoncelé en barricades sous cette porte ajoute en s'embrasant un nouvel obstacle à l'entrée des Bourguignons. Ce qui n'était qu'un accident fut de suite converti par ceux de la ville en moyen de défense. Des poutres et des matériaux arrachés aux maisons voisines servent à nourrir le feu, et bientôt la longue voûte de la porte de Bresles devient une véritable fournaise que les couleuvrines de Crevecœur ne faisaient qu'attiser.

Un autre assaut fut tenté à la porte de l'Hôtel-Dieu, sans plus de succès, tant l'on tirait serré de la ville, dont les renommés tireurs soutinrent leur vieille réputation.

Philippe de Crevecœur croyait tellement la place prise, en voyant l'effet immédiat de son artillerie sur la porte de Bresles,

---

(1) C'est à lui que Walter-Scott fait jouer un rôle important dans son roman de Quentin Durward.

qu'il avait dépêché un courrier au duc qui s'approchait de Tillé (1), pour l'engager à venir prendre possession de la ville (2).

Cependant, une partie de l'avant-garde, sous les ordres de Jacques de Montmartin, renommé pillard, avait fait une diversion vers le faubourg Saint-Quentin. Ce riche faubourg était alors entouré d'un mur crenelé et d'un petit fossé. Au milieu des jardins de l'Evêché, la tour de Craoul le dominait avec ses canons. Averti du mouvement des Bourguignons, Balagny et une quinzaine d'arquebusiers passent la planchette du jardin de l'Evêque et tentent de défendre la porte de pierre du Déloir. Après une vigoureuse résistance, blessé à la jambe, Balagny est obligé de rentrer en ville, devant cent lances et trois cents archers de l'ordonnance du duc. Alors les Bourguignons forçant la porte du faubourg, se croient déjà maîtres de Beauvais et crient : *ville gagnée*. Mais ils ne tardèrent pas à en rabattre, quand ils se virent en face de la vraie ville, avec son fossé large et profond, ses remparts chargés d'un triple rang de défenseurs, l'arc au poing et la trousse au côté, ses longues couleuvrines en batteries et prêtes à faire feu.

Les Bourguignons, qui voulurent tenter l'escalade, furent reçus comme aux portes de Bresles et de l'Hôtel-Dieu. L'un d'eux, qui avait planté son guidon sur l'appui extérieur du pont-levis, fut tué d'un coup de flèche. Les assaillans durent bientôt renoncer à une attaque ouverte, pressés qu'ils étaient entre les arbalêtres de la tour des Buhutiers (5), l'artillerie des remparts qui balayait la chaussée du Déloir et les hautes tours de l'évêché où il n'y avait creneau, ar-

---

(1) Il passa à Tillé la nuit du samedi au dimanche. *(Tiré de la dépense de Charles-le-Hardi* (1472). *Archives de la Chambre des Comptes de Flandre.*

(2) Claude Paradin, chroniqueur bourguignon, s'explique ainsi sur ce fait : *Le seigneur des Cordes sollicitait le duc de soy haster, mais il fut tardif et négligent, tenant desia la ville pour réduc.*

(*Annales de Bourgogne.*)

(3) C'était une tour carrée défendant le pont-levis de la tour de Craoul et que la corporation des Buhutiers ou encaveurs de vin de Beauvais avait le privilège de garder *en temps de guerre ou de péril*. (*Enquête relative à la porte de l'Islette, par le lieutenant général et le procureur du roi de Senlis, en 1505.*)

chère ou embrasure qui ne tirât sur eux ; aussi se replièrent-ils dans les jardins de Saint-Nicolas et à l'abri du faubourg ; de là, *perçant les maisons de l'une en l'autre*, ils parvinrent à se loger dans l'église Saint-Hippolyte (1) qu'il crènelèrent et d'où ils inquiétaient les Beauvaisins.

Toute cette journée, à proprement parler, ne fut qu'un long assaut, car, comme le dit *Jean de Bonneuil :* « sur le point de neuf
» heures livrèrent assaut tant à la porte de l'Hôtel-Dieu que comme
» à la porte de Bresles, et principalement au Déloir et à la porte de
» Limaçon où l'avant-garde des Bourguignons entra, et gagna l'é-
» glise Saint-Hippolyte, et dura l'assaut tant à la porte de Limaçon,
» comme à la porte de Bresles, depuis l'heure de neuf heures du
» matin jusqu'à dix heures de la nuit. Durant ledit assaut, la porte
» fut brûlée et plusieurs maisons dedans la ville. »

Dans cette première et mémorable journée, le maire, *Guillaume Binet,* fit courageusement son devoir : avec *Jehan Legoix,* il courait de poste en poste et de rempart en rempart portant partout des paroles d'espoir et une contenance intrépide. Oubliant sa blessure, Balagny l'accompagnait partout et regagnait noblement les éperons qu'il avait perdus à Roye.

Malgré le grand courage des habitans et leur résolution désespérée, on devait prévoir que la ville, investie par une armée de quatre-vingt mille hommes, battue par la formidable artillerie qui allait arriver, ne pourrait porter loin sa résistance. Toutefois, à la vue des épais bataillons qui débouchaient dans la plaine et la couvraient presque tout entière, la fermeté des assiégés ne fléchit pas un instant. La mort était à leur droite, la ruine à leur gauche ; mais loin de se laisser intimider, ils semblaient puiser dans le péril une nouvelle ardeur ; les femmes et les filles partageaient les travaux des hommes, portaient des munitions, des projectiles, des vivres sur toutes les murailles, en *admonestant leurs défenseurs de toujours avoir bon et entier courage* (2).

---

(1) Cette église s'élevait près de la porte Limaçon, sur la place qui porte aujourd'hui le nom de *Cours-Cellier.*

(2) Le continuateur de Monstrelet.

Depuis douze heures on combattait. Tout-à-coup, de grandes acclamations retentissent à la porte de Paris, c'étaient les deux cents lances de la garnison de Noyon qu'avait été chercher le seigneur de Troissereux. Forcés à des détours pour ne pas tomber dans les partis bourguignons qui battaient le pays, ils avaient fait vingt-quatre lieues dans leur journée, et étaient couverts de sueur et de poussière. Ces braves gens, accueillis aux cris de *Noël* et comme des libérateurs, mirent pied à terre, et laissant leurs chevaux à la garde des femmes et des enfans, coururent droit aux remparts où l'aspect de leurs armures apprit aux Bourguignons que la ville était secourue, et que désormais un siége en règle serait nécessaire pour la soumettre.

» Et ce n'eust été la grâce et garde de Dieu et des benoists saints et
» saintes dont les corps reposent en cette ville, et les secours et aides
» des seigneurs de Buéil et La Roche-Tesson et de leurs gens qui
» étaient en nombre d'environ deux cents lanches, qui chevauchè-
» rent ledit jour vingt-quatre lieues et arrivèrent à la porte de Paris
» environ l'heure de neuf heures du soir, lesquels se portèrent vail-
» lamment aux assauts des Bourguignons, ce n'eust été leur venue,
» la ville était en grand danger et les habitans. Et tantost cessèrent
» leurs assauts quand ils surent que secours étaient venus (1). »

On s'étonnera toujours qu'instruit par ce premier avertissement, le duc de Bourgogne, faisant passer le gué de Voisinlieu à une partie de ses troupes, n'ait pas investi la ville. Nous examinerons plus loin les motifs d'une si grave abstention, et nous verrons qu'elle ne fut peut-être pas aussi inexplicable qu'on le pense.

---

(1) Manuscrit du chanoine de Bonneuil.

§. III.

Pendant la nuit du samedi au dimanche, les Bourguignons, qui n'étaient pas abrités dans le faubourg Saint-Quentin, dans l'abbaye et dans l'église de Saint-Hippolyte, travaillèrent à creuser des tranchées pour se couvrir. Ces soins les absorbaient tellement, qu'ils ne s'aperçurent pas de suite de toute l'importance du secours qui était survenu.

Le dimanche matin, dès l'aube, le duc et toute son artillerie arrivaient devant Beauvais. Mais aux premières lueurs de l'aurore, les assiégeans purent compter deux cents armures sur les remparts. Le fougueux Bourguignon ordonna de suite que des batteries fussent élevées sur les hauteurs qui ceignent et dominent tout le nord de la ville. L'entier investissement de la place lui fut alors proposé. Mais, soit que la colère lui troublât l'esprit, soit qu'il s'exagérât la difficulté de passer le gué de Voisinlieu, il s'y refusa obstinément, croyant encore *ambler la ville* et pouvoir la prendre *à coups d'échelles* ou du moins la foudroyer en quelques heures. *Commines*, qui témoigne du furieux désir qu'avait Charles-le-Téméraire de prendre la ville, ajoute : *Et sans doute il l'eut brûlée si ainsi fût advenu, qui eut été très-grand dommage.* Pour lui, il alla asseoir son camp près de l'abbaye de Saint-Lucien, après s'être emparé de ce monastère, alors fortifié, et où fut tué le frère de l'abbé Florimond de Villers-Saint-Paul (1), qui en défendait l'entrée.

Cependant, à deux heures de l'après-midi, arrivaient coup sur

(1) L'effigie tombale de ce chevalier est en la possession de M. Houbigant, à Nogent-les-Vierges.

coup le maréchal de Gamaches, l'arrière-ban de Normandie, celui de Senlis, la prévôté de Paris, une partie de la garnison d'Amiens, en tout plus de mille lances. Dans la soirée, d'autres troupes de secours entraient en ville, commandées par les sénéchaux de Poitou, Carcassonne et Toulouse. Dès ce moment la ville fut sauvée.

De suite, le maréchal de Gamaches prit le commandement de la place, visita les murailles, pourvut aux premières nécessités de défense et de police, et convoqua un conseil de guerre.

La composition de ce conseil est à remarquer : aux échevins et notables qui, d'habitude, formaient l'assemblée de ville, s'étaient joints les maréchaux de Gamaches (1) et de Lohéac, ce comte de Dammartin plus connu sous le nom de maréchal de la Palisse (2), et le premier homme de guerre de son temps; Torcy (5), grand maître des arbalétriers de France; son cousin Robert d'Estouteville, prévôt de Paris; Lahire (4), Salezar (5), de Valleu et autres renommés partisans; enfin des seigneurs tels que les sires de Crussol-Lévis (6), de Croï (7) et de Rubempré.

---

(1) Joachim Rouhaut de Gamaches, d'une illustre famille de Picardie, s'était rendu célèbre par la prise de Castillon en Périgord, où il défit le fameux chef anglais Talbot.

(2) Antoine de Chabannes-La-Palisse, comte de Dammartin, grand-maître d'hôtel du roi. Louis XI lui dut son salut. Prisonnier à Péronne, il écrivit à Chabannes, qui commandait son armée, d'en licencier une partie. Mais Chabannes, voyant le roi tombé dans un guet-à-pens, s'y refusa fermement, et, au nom de la France, menaça l'envoyé bourguignon de terribles représailles si le roi n'était pas immédiatement rendu à la liberté. Il termina par ces paroles : *Le frère du roi n'est pas mort, ni le royaume dépourvu de gens chevalereux.* (Anquetil, *Hist. de France.*)

(3) Jean d'Estouteville, seigneur de Torcy et de Blainville, d'une famille qui a donné des évêques et des châtelains à Beauvais, et que l'on croit de même origine que celle de Mornay.

(4) Vignoles Lahire, fils de celui qui contribua à expulser les Anglais de France sous Charles VII.

(5) Vico de Sallezar, fils d'un chef de bande espagnol. Son père avait rendu de bons services à Charles VII qui lui avait donné de grands biens. Le fils s'était signalé dans la guerre du *bien public*.

(6) Louis de Crussol-Lévis, chambellan du roi, pannetier de France.

(7) Philippe de Croï, seigneur de Renti. Le duc de Bourgogne exécrait tellement ce seigneur, qu'il l'exceptait constamment de toutes les trèves qu'il faisait avec le roi.

A ces capitaines éminens, s'étaient adjoints, au dire de Commines, *beaucoup de gens de bien*, ce qui, dans son langage, doit s'entendre de quantité de seigneurs considérables des environs réfugiés dans la ville ou accourus pour la défendre.

Certes, la réunion de pareils hommes était faite pour relever l'esprit de la ville, si un seul instant il eût vacillé.

Dans ce conseil, les plus sages dispositions furent arrêtées. On reconnut qu'avant tout il fallait dégager la ville du côté de l'ouest, et l'on résolut de sacrifier à cette mesure de salut l'église Saint-Hippolyte et le faubourg Saint-Quentin occupés par les Bourguignons.

On reconnut ensuite qu'en présence des formidables redoutes qui s'élevaient, il n'y avait pas un instant à perdre pour garnir les remparts d'habiles pointeurs et de grosse artillerie propres à détruire les ouvrages et les batteries des assiégeans. Enfin, il fallait prévoir les ravages d'un feu foudroyant et continu, et derrière les murailles de nombreux pioniers devaient être prêts à réparer les brèches et à palissader les ouvertures faites par le canon. Le sire de Rubempré, muni de pressantes instructions dans ce sens, fut dépêché à Paris par le conseil de guerre.

Ici, quelques explications sur la topographie de Beauvais et sur ses moyens de défense, ne sont peut-être pas inutiles.

La ville est assise au confluant de deux petites rivières, au fond d'une vallée tourbeuse dont le talus méridional, couronné par l'abbaye de Saint-Simphorien, est assez escarpé, tandis que celui du nord, occupé par les Bourguignons, présente des collines arrondies et un plan incliné; elle était entourée d'un mur d'enceinte épais et crénelé, défendu de quatre-vingts en quatre-vingts pas par une tour. Le Thérain et l'Avelon, s'unissant sous le rempart du midi, remplissaient ses larges fossés. Des vannes et des éventelles permettaient de hausser ou d'abaisser à volonté le niveau de ces eaux. Les principales entrées étaient munies de quelques tours donjonnées. Du reste, point d'éperons, d'ouvrages avancés, encore moins de bastions; c'était la place forte du moyen-âge dans sa simplicité primitive, et son système de défense se rapprochait bien plus de Vitruve que de Vauban.

Dès le lundi 29 juin, la première mesure arrêtée par le conseil fut mise à exécution. En même temps que l'on incendiait l'église Saint-Hippolyte, on faisait filer d'habiles couleuvriniers dans la tour de

Craoul ; en combinant leurs feux avec ceux des remparts, et le ren-
flement des eaux dont on inonda le faubourg Saint-Quentin, on eut
bientôt forcé l'ennemi à déguerpir et à reporter sur les hauteurs
voisines ses tentes percées de boulets.

En renversant l'église Saint-Hippolyte, l'artillerie de la ville écrasa
bon nombre de Bourguignons, et un seigneur de marque, que l'on
crut être le grand-maître de l'artillerie, fut tué en cette occasion (1).

Dans cette même journée, le feu prit dans l'hôtel épiscopal. *En
icelle semaine du lundi 29 juillet le feu fut mis et bouté dedans
l'hostel et l'église Saint-Hippolyte arse, là où les Bourgoignons
se tenaient en Bolevert (2).*

Les termes dont se sert le chanoine de Bonneuil, en parlant de
l'incendie de l'évêché, sont à remarquer, surtout quand on les rap-
proche de cette phrase que nous trouvons dans un mémoire produit
au parlement treize ans après, contre l'évêque :

« Monsieur de Beauvais était enfui avant que le feu fût en son hô-
» tel, ce qui fut une merveilleuse et épouvantable chose, et qui a
» plus ébahi les gens d'armes que les assauts, car ledit hôtel sert
» pour muraille, et *sembla à plusieurs que ce fut une chose faite à
» certaine cause* (3). »

Ce qui fit naître ces soupçons, c'est que le feu se manifesta à trois
endroits différens, dans un palais alors inhabité et immédiatement
après le départ furtif de Jean de Bar. Quoiqu'il en soit, l'incendie
fut si menaçant que, pour conjurer ses progrès, la châsse de Sainte-
Geneviève fut apportée sans que pour cela l'emploi des moyens
humains se ralentît un instant. Outre l'eau et les fumiers dont on
combla les caves et les points embrasés, trente pièces de vin furent
employées à éteindre les flammes. Le ciel devait aider des gens qui
s'aidaient si bien.

---

(1) Et comme lesdits Bourguignons sortaient hâtivement à grande foule
de ladite église Saint-Hippolyte qui était tout en feu, ils furent servis d'un
gros canon que portaient deux fausses brayes de l'hostel dudit sieur évêque,
regardant vis-à-vis ladite église et ce par cinq à six coups.
(Le continuateur de Monstrelet.)

(2) Mémoires du chanoine de Bonneuil.

(3) Extrait des contredits produits au parlement contre messire Jean de
Bar.

Le bled, comme toutes les autres provisions, abondait à Beauvais ; mais les moulins, tous en dehors des 'fortifications, ne marchaient plus et faisaient faute à la ville ainsi que la poudre, la grosse artillerie et surtout les artilleurs et les arbalétriers. Dans une place menacée d'un long siége, des pointeurs et des hommes de trait devaient rendre plus de service que des cavaliers, quelqu'aguerris qu'ils fussent.

Cependant, dès le 29 juin, M. de Gaucourt (1), lieutenant du roi et gouverneur de Paris, envoyait mille livres de poudre, deux mille traits, et promettait d'expédier sous peu avec des farines des arbalêtriers, des pionniers et du canon.

Le même jour, vers le soir, des trompettes sonnent hors la porte de Paris, précédant un hérault d'armes qui demande entrée. C'est *Montjoie,* roi d'armes de France, arrivant du château de Mouy et apportant à *Messieurs de ville* une lettre du connétable Louis de Luxembourg. Le connétable a *appris par le maréchal de Carcassonne, la bonne, ferme et entière loyauté de la ville. Il les envoie assurer que de cœur, de corps et de biens il ne faudra, et qu'il est prêt à accourir, si ceux qu'il a envoyés ne sont suffisans* (2). Le lendemain, il fit conduire de Creil à Beauvais le peu d'artillerie qu'il avait sous la main.

Le premier juillet, première lettre de Jean de Bar au maire. *Il a fait grande diligence pour envoyer des provisions* ; il demande procuration pour s'obliger au nom du clergé et de la ville, et en protestant de son dévouement, il a soin d'insinuer qu'*il était grand besoin qu'une personne d'autorité fût à Paris pour presser les secours* (3).

Le fils du maire écrit de son côté qu'il a vu Messieurs du grand conseil avec l'évêque, dont il se loue fort. « Ils ont demandé six » grosses serpentines pesant douze cents, de la poudre, un tonneau » de traits à main, des canoniers, trois cents arbalêtriers, des » pionniers, maréchaux, pics, pelles, et des provisions de bouche.

---

(1) M. de Gaucourt, lieutenant du roi et gouverneur de Paris et de l'île de France, était du Beauvaisis, selon le père *Ménétrier.*

(2) Archives de la Ville.

(3) *Idem.*

» Il faut envoyer de l'argent pour subvenir à ces dépenses. »
Il mande « que l'on a de grandes obligations à Jean Legendre,
» bourgeois de Paris, qui a envoyé à Gisors pour contraindre à
» fournir vivres (1). »

Immédiatement, le chapitre et la ville adressèrent à Jean Legendre la procuration demandée, et engagèrent leurs biens au
paiement des munitions (2).

Chaque jour, nouvelle missive de l'Evêque, qui fait de son
mieux pour faire oublier sa non résidence. Ce sont des arbalétriers
et des couleuvriniers qu'il envoie, sous la conduite de M. de Méru.
« Quant aux serpentines, il faut une ordonnance du roi pour en
» disposer ; mais il envoie aux Beauvaisins de belles couleuvrines
» et du fil d'Anvers (3). »

En effet, le 4 juillet on vit arriver à Beauvais cinquante couleuvriniers *garnis de couleuvrines* et des convois de provisions de
bouche. Nous avons sous les yeux la liste de tous les objets fournis
pendant le siége à la ville par Jean Legendre (4).

---

(1) Archives de la ville.

(2) Voici la procuration, datée du jeudi 2 juillet 1472, et revêtue du
double cachet de Saint-Pierre et de la ville : .

« A tous ceux qui ces présentes lettres verront, les gens d'église, maire,
pairs et habitans de la ville de Beauvais salut. Comme pour résister aux
dampnées entreprinses faites par le duc de Bourgogne qui de présent tient
siége contre nous, il nous ait été et soit très nécessaire pour. la tuition et
défense d'icelle ville avoir plusieurs artilleries, comme serpentines, poudre à
canon, arcs, pionniers, farine et autres choses à ce convenable. Avons prié
et requis à Jean Legendre, marchand et bourgeois de Paris, nous faire venir
de Paris à grande diligence grant quantité de poudre, pics, lances, farine
et ce qu'il a fait...... ... Savoir faisons que lui avons promis et par les présentes promettons sous l'obligation de nos biens et des biens de nous de ladite ville rendre et restituer tout ce que ledit Legendre a baillé ou baillera
cy après pour nous......... En témoin de ce avons scellé les présentes de
nos sceaux. »   *(Collection de M. Le Caron de Troussures.)*

(3) Il finit sa lettre en leur recommandant sa pauvre maison.

(4) Dans ce mémoire, qui monte à la somme totale de douze cent cinquante livres, il est à remarquer que pour la plupart des objets fournis,

On y voit l'envoi de trente milliers de traits.

Sept grosses de cordes à arc.

Deux cent quarante pierres à canon. (Boulets).

Dix mille trois cents livres de poudre.

Trois cents lances gaies (javelots demi-piques) prises à l'hôtel Saint-Pol.

Deux cents livres de fil d'Anvers (1).

Et plusieurs paniers à mettre lesdites poudre, cordeaux, fil et plomb.

Ce même jour, Jean de Bar mande qu'il fait moudre des farines et battre de la poudre en diligence. Il proteste *vouloir servir la ville de corps et de biens, et envoyer deux chevaucheurs vers le Roi pour le hâter et lui montrer les bonnes loyautés et vaillance des habitans.* Dès le 1er juillet étaient arrivés douze chariots de farine, envoyés de Pontoise par Pierre de Creil et Nicolas Le Boucher. Plus tard, les athournés et gouverneur de Compiègne faisaient conduire à Beauvais huit chariots d'avoine et de farine.

Chaque jour voyait donc augmenter les forces et les bonnes chances de la ville. Aussi, chaque matin, de fortes escortes allaient en reconnaissance sur le chemin de Paris, afin d'éclairer la route et de protéger l'arrivée des convois.

Plus les événemens se dessinent, et plus les lettres de Jean de Bar se multiplient et deviennent chaleureuses.

Le samedi 5 juillet, il fait savoir au maire *que l'Université, toute la ville de Paris, églises et colléges, sont en continuelles oraisons pour Beauvais. Dieu n'en livrera pas les habitans entre les mains des ennemis ; il a mandé au Roi la vaillance des habitans et des femmes, et sait qu'il en récompensera la ville largement.* Au bas de la lettre, la cajolerie suivante est soigneusement soulignée : *Je ferai chercher partout si je trouve rien pour vous touchant la mulcte ou hacquie* (2).

Jean Legendre ne se fait payer que les frais de charroi, les armes et les munitions étant prises à la Bastille, à l'hôtel Saint-Pol ou dans d'autres magasins de l'Etat.

(1) Peut-être des serpentaux ou feux artificiels.

(2) Punition publique infligée aux diffamateurs par la justice du maire, en vertu d'anciens usages et priviléges contestés par les évêques.

Toutefois, quelque faible qu'eussent les Beauvaisins pour leur justice municipale, il est à croire que dans la conjoncture ils furent plus
touchés de la lettre suivante, que leur remit le procureur du Roi de
Rouen, à la tête d'une troupe de secours défrayée pour six semaines :

» 5 juillet.

» *Les Bourgeois et Conseillers de la ville de Rouen, aux Maire*
» *et Pairs de la ville de Beauvais.*

» Chers et bons amis,

» Nous vous envoyons la cinquantaine de notre ville fournie d'ar-
» balètres et de traits, avec vingt charpentiers, dix maçons et trois
» cents pelles, pics, houets, conduits par sire Guillaume Picard (1),
» procureur du Roi, qui en a pris libéralement la charge ; vous
» prions de le renvoyer après son arrivée, en ayant de grands be-
» soins, faisons tous les jours prières et dévotes oraisons pour cette
» ville et pour tous les bons seigneurs et amis qui la défendent. »

Toute cette semaine se passa en bombardement. Sur les hauteurs
de *la Vigne-Dieu*, du *Mont-Capron*, et au-dessus de *la Couture
de l'Hôtel-Dieu*, de grosses pièces mises en batterie tiraient nuit et
jour sur la ville. Le merveilleux chœur de la cathédrale était surtout
le point de mire des Bourguignons. Les contre-forts et toutes les
chapelles du nord furent fort endommagés. Du même côté, le lo-
gement des marguilliers fut abattu. Un boulet traversant les hautes
verrières du chœur vint tomber dans une des stalles des chanoines (2).

Quand on songe à la position encaissée de Beauvais et à l'exubé-
rante population de réfugiés, de soldats, de marchands et d'ouvriers

---

(1) C'est ce même Guillaume Picard, qui pourvut si bien aux fortifications de Rouen, qu'un mois après, lorsque le duc de Bourgogne se présenta
devant cette ville, il dut renoncer à les attaquer. (*Histoire des Ducs de
Bourgogne.* M. de Barante.)

(2) Le passage du boulet se distingue encore par des verres bleus. Sous
la troisième stalle, à droite, où il était tombé, on lisait cette inscription
sur l'effigie d'un boulet : *Deus laudetur.* Une autre inscription, placée sur
un des contreforts, indique en outre le passage de deux boulets. Les murs des
vieilles maisons canoniales sises au nord de Saint-Pierre, portent les em-
preintes du siége. Un boulet en fonte, incrusté dans le mur, se voit encore
dans l'une d'elles.

étrangers qui encombraient les rues et les places (3), on devrait en conclure que la ville paya sa résistance de la vie de bien des hommes. Il n'en fut pas ainsi, et le peu de pertes qu'elle a éprouvées (1) témoigne assez des progrès qu'avait à faire l'artillerie pour arriver à la puissance qu'elle a aujourd'hui. L'esprit des assiégés se maintenait avec une rare constance : on maîtrisait les incendies ; on interdisait les abords des hauts bâtimens battus par le canon, et on répondait résolument au feu des Bourguignons.

La tradition raconte même qu'au milieu de ces continuelles alertes l'hospitalité des habitans envers leurs défenseurs ne se démentit pas un instant et fut au niveau de la conjoncture. Sous les remparts, le vin de la ville coulait jour et nuit ; partout tables dressées, maisons ouvertes à toute heure et à tout venant : tout semblait être commun, *et rien n'estoit épargné ni clos aux gens d'armes* (2).

Après une canonnade qui dura près de huit jours, le duc de Bourgogne, bien convaincu que toutes ses bombardes et couleuvrines n'amèneraient pas la ville à soumission, résolut de livrer assaut, et le 6 juillet, avec le jour, la tranchée fut ouverte.

Et la seconde semaine commenchèrent les Bourgoignons étant devant Beauvais à très-grand nombre, bâtirent et très-fort grevèrent les portes de l'Hôtel-Dieu et de Bresles, avec tous les murs et tourelles, tellement que tous les gens de guerre qui dedans étaient, avec tous ceux de la ville tant hommes comme femmes, n'avaient loisirs de nuit ne de jours de boire, de manger ne de

---

(3) On ne peut évaluer à moins de 3o à 4o,ooo âmes la population accidentelle de la ville.

(1) Et toutefois au plus il n'y en eut dedans la ville que vingt-quatre de tués, combien qu'en tous lieux chéoient leurs pierres, les unes grosses comme le tour d'un fonil de casque, autres de la rondeur d'une grande écuelle (Un de ces boulets de pierre est conservé dans le Musée de Beauvais.), autres de fer fondu pesant vingt livres ou trente livres, et les autres de plomb et de fer de la grosseur d'un point ou d'un estœuf, tellement que par le rapport de tous les gens de bien de guerre qui y estaient, ils ne se trouvèrent jamais en lieu assiégé où fut fait telle batterie.

(Le continuateur de Monstrelet.)

(2) Mémoire fourni au Parlement par la ville.

dormir, pour porter bois, fiens, terres, pierres, banquets, fu-
tailles, fagots, pour toujours fortifier et empêcher l'entrée dedans
la ville (1).

Mais derrière ces croulans remparts, le courage des habitans sem-
blaît croître avec le danger. Ils avaient entièrement dépavé la ville
pour diminuer l'effet des bombes et se créer des matériaux et des
projectiles. On lançait sur les assaillans pierres, meubles, et jusqu'à
des tonneaux emboités les uns dans les autres. Les femmes appor-
taient sur les murailles de l'huile brûlante et de la chaux vive, de la
poix fondue ; on en voyait ramassant les flèches ennemies et les re-
mettant aux archers ; sur toutes les brèches elles paraissaient apportant à boire aux combattans et les animant de paroles et d'exemples.

De gros chênes étaient abattus dans l'enclos de l'Hôtel-Dieu ; mille
bras les transportaient sur les remparts, ainsi que d'énormes ma-
driers (2). Sous le feu et les dards, des charpentiers et des maçons
travaillaient à palissader les ouvertures et à réparer les brèches.

L'assaut n'eut pas de succès, et la nuit qui y mit fin permit aux
Bourguignons d'enlever les innombrables cadavres qui jonchaient les
abords des tranchées et les entours de leurs redoutes.

Le jour même où les Beauvaisins soutenaient cette lutte dispro-
portionnée, le peuple de Paris faisait pour eux une solennelle procession propitiatoire, et M. de Gaucourt leur mandait qu'on ne cessait
de prier Dieu pour la *salvation* de Beauvais. Des compagnons pionniers, des arbalétriers partaient volontairement de Paris pour venir
prendre part à la défense de la ville (3). Tous les yeux étaient fixés
sur Beauvais ; la vigoureuse résistance du 6 juillet avait accru l'intérêt qu'inspirait généralement la courageuse cité. Le style de l'é-
vêque se ressent de l'événement et la formule respectueuse qu'il
emploie peut donner la mesure de l'admiration générale.

« 8 juillet 1472.

» Messeigneurs et bons amis,

» Je me recommande à vous, tant de bon cœur comme je puis. J'ai
» reçu vos lettres ès quelles me merciez de ma diligence. Je ai fait

(1) Mémoires du chanoine de Bonneuil.
(2) Archives de la ville.
(3) Compte de Jean Legendre.

» et ferai tant que j'en pense avoir le loyer de Dieu et l'honneur
» des hommes. . . . . En tant que tous les grands
» offices de Reilhac ne s'y faut guère attendre, car le plus souvent
» ses paroles passent son instruction. J'ai assez remontré à Messieurs
» du grand conseil votre impossibilité quant à fournir aux charges
» que à présentement sont en votre ville. J'ai rescrit au Roi tou-
» chant vos affaires et connoit bien votre perdition et la mienne.
» Dieu par sa grace la veuille remunérer et récompenser en ce
» monde et en l'autre et vous donne ce que désirez (1).

Malgré le mauvais succès de l'assaut du 6 juillet, l'obstiné duc de
Bourgogne, accoutumé à prendre ses caprices pour lois, s'opiniâtra
contre l'avis de son conseil à tenter un nouvel assaut, dût-il, selon
le pronostic du grand bâtard de Bourgogne, remplir les fossés des
cadavres de ses soldats. *Croyez-vous*, demandait-il à ses familiers
la veille de l'action, *croyez-vous que ceux de dedans s'attendent
à être assaillis demain. — Oui*, répondirent-ils tous d'une voix.
Il prit cette réponse en moquerie et répondit : *Demain, vous n'y
trouverez personne* (2).

Il est bien vrai que ses canons avaient ouvert une large brèche
entre les portes de l'Hôtel-Dieu et de Bresles ; mais jour et nuit les
assiégés travaillaient à la réparer, et d'ailleurs l'énergie des habitans
et le nombre des hommes de guerre qui défendaient la ville allaient
lui composer un rempart macédonien, contre lequel la fureur du
duc devait encore une fois se briser.

Le 9 juillet, de tous les remparts du nord et de la plate-forme de
l'Hôtel-Dieu un feu formidable, une grêle de traits accueillirent
les premiers assaillans et renversèrent les deux machines de siége à
l'aide desquelles ils cherchèrent à jeter des ponts sur les fossés. A ce
suprême effort de l'ennemi, la ville répondit par l'élan de toute sa
population ; hommes et femmes y combattirent les Bourguignons
main à main, vrais combats d'abordage où fut étouffé un des plus
illustres chefs Bourguignons, le vieux seigneur d'*Espiris*.

---

(1) Collection de M. Le Caron de Troussures.

(2) Ph. de Commines, M. de Barante. A cette occasion, et en parlant de
la force des assiégés, Ph. de Commines s'écrie : *C'est folie que de s'attaquer à si grandes gens !*

En sacrifiant force soldats et capitaines, les assiégeans parvinrent à placer quelques échelles (1). Les plus hardis les gravissaient et tentaient de planter sur les murailles ou plutôt sur les brèches des étendards aussitôt arrachés qu'arborés.

On peut croire que c'est à cet assaut que s'immortalisa Jeanne Hachette. La châsse de sainte Angadrême, portée par des femmes, y parut sur les remparts, au milieu du feu et des dards. Au nombre de ces généreuses filles de Beauvais, qui entendirent de si près siffler les flèches Bourguignonnes, ne doit-on pas compter notre héroïne, et n'est-ce pas elle que désigne sans la nommer le chroniqueur contemporain Jean de Bonneuil ?

» Et en icelle semaine, le jeudi neuvième jour de juillet, environ
» le heure de huit heures, les Bourguignons livrerent assaut aux
» portes de l'Hostel-Dieu et de Bresles, auquel assaut les femmes
» portaient le corps de madame sainte Angadrême ; et tiraient de
» dedans la ville dards et arbalettes tellement que une fleche demeura
» dedans la dite fierte comme encore appert, et toutes à l'aide de
» Dieu et des Benoits saints furent reboutés arrière des murs, qu'il
» y en demeura si grand nombre de gens d'armes et seigneurs et
» autres dedans les fossés, avec trois étendars des quels les femmes
» gagnèrent l'un, et se retrairent si vaillamment que ils pardirent
» tout honneur avec leurs gens. »

Ce qui est certain, c'est qu'au plus chaud de l'attaque, et lorsqu'un soldat bourguignon, saisissant les créneaux, essayait d'y planter son guidon, on vit une jeune fille s'élancer sur lui et le précipiter du haut du rempart en lui arrachant son drapeau. C'était Jeanne Laîné, une pauvre briseresse de laine (2), qui venait de donner ce grand exemple. Le trait de courage de la jeune fille, volant de bouche en bouche sur les remparts et dans la ville, met le comble à l'exaltation des habitans. A l'instant, deux autres drapeaux sont arrachés. Point de trait qui ne porte, de coup qui ne tue ; la défense en devint si furieuse et l'assaut tellement meurtrier, que, reculant devant

(1) Payé pour une échelle gagnée sur les Bourguignons, 18 deniers. Comptes de Jean de Bonneuil.

(2) C'est Adrien de Boufflers, dans ses histoires apparillées, qui donne ce renseignement biographique, le seul qui existe sur Jeanne-Hachette, sauf la charte de Louis XI que nous rapporterons plus loin.

l'inutile boucherie de son armée, Charles-le-Téméraire fit sonner la retraite. L'assaut n'avait duré qu'une heure et demie. « Et peu » de peuple et des gens d'armes de dedans la ville y eut de morts, et » ne dura point l'assaut plus de heure et demie (1). »

Dans ce dernier assaut, le plus meurtrier de tous, on porte à plus de mille le nombre des Bourguignons tués ou blessés.

Ce qui prouve l'exactitude de Jean de Bonneuil, et qu'en effet l'assaut du 9 commença à huit heures et finit à neuf heures et demie, c'est que le même jour la nouvelle en était portée à Paris, ainsi que l'atteste cette lettre de M. de Gaucourt datée du 9 juillet.

« J'ai appris par M. le Connétable, le grand honneur qui a été » acquis *aujourd'hui* à l'assaut donné par les Bourguignons, et où » la ville est demeurée victorieuse. »

Au milieu de ce dévouement général, et quand la bravoure et la témérité étaient partout, il était difficile de citer des traits particuliers. L'histoire locale a pourtant conservé quelques noms (2) sortis de cette foule héroïque. Aux postes les plus exposés, on voyait Jean Boileau, oubliant son âge, et se souvenant qu'il avait été maire; ainsi que le bailli du comté, Jean de Feuquières, faisant dignement son devoir.

Le fils du maire, accouru de Paris pour prendre sa part des assauts, et Aubert de Condé, jeune avocat, se montraient partout au premier rang.

Placés au plus fort de l'assaut, Robert d'Estouteville et ses parisiens avaient valeureusement défendu la porte de l'Hôtel-Dieu.

Le brave *Laroche-Tesson* avait été grièvement blessé près de la porte de Bresle, poste périlleux qu'il défendait depuis treize jours; lui et *Fontenailles*, ayant supplié qu'on leur laissât la garde de la *Porte brûlée*.

Louis XI, aussitôt qu'il reçut la nouvelle de ces évènemens mémorables, en témoigna, en ces termes, sa reconnaissance aux Beauvaisins (3):

(1) Mémoires du chanoine de Bonneuil.

(2) Voir à la fin de cette Notice la liste des noms des Beauvaisins qui ont assisté au siége de 1472.

(3) Cette lettre avait été précédée de la missive suivante, datée du 12. Sans doute appréciant mieux chaque jour l'importance du service que lui

« 15 juillet.

» Très-chiers et bien amés,

» Nous avons su comme en acquittant votre bonne loyauté envers
» nous, vous êtes employés corps et biens à garder notre ville de
» Beauvais à notre obéissance à l'encontre du duc de Bourgogne et
» de toute sa puissance, et la bonne continuation que y faites chacun
» jour, en quoi faisant avez acquis grand louange envers Dieu et
» nous, et tellement que a toujours en serez et demourez envers
» nous et nos successeurs en très-singulière recommandation. Pa-
» reillement, avons su comme pour garder votre dite loyauté avez
» fait de grands frais pour la défense de ladite ville et enduré de
» grandes pertes et nécessités, dont sommes bien délibéré de tout,
» au plaisir Dieu le reconnaître et vous en récompenser. Et soyez

---

avait rendu une ville *frontière et clef du pays*, ce monarque, *le plus sage
homme qui se vit onc en adversité*, jugea convenable de renchérir sur ses
premiers remercîmens et de mieux préciser des promesses qui devaient le
plus toucher les gens de Beauvais :

    « Très-chiers et bien amés,

    « Nous avons seu par ce que nos gens étant de par delà nous ont escrit,
» la grant diligence que avez faitte et faittes chacun jour de résister aux
» Bourguignons étans devant votre ville, dont nous sommes très-content
» de vous et vous mercions de votre bonne et grande loiaulté, et vous tenez
» sûrs que nous le reconnaîtrons envers vous, ainsi que plus à plein avons
» dit à Antoine Cavart porteur de ceste pour vous le dire. Si vous prions
» que en montrant la bonne loiaulté que vous et vos prédécesseurs avez eu
» envers nous et la couronne, veuillez toujours persévérer à la garde et
» sûreté de votre ville de mieulx en mieulx ; car au plaisir Dieu nous espé-
» rons avoir bientôt fait de par deça et vous aller secourir à belle compa-
» gnie, et cependant nous envoyons les sénéchaux de Thle (Taulouse), de
» Guyenne, d'Agenois, MM. Geoffroi de Couvrant et Jehan Dufou, avec
» toutes leurs compagnies, et le sieur de Boullon avec 400 francs archiers,
» et incontinent le sénéchal de Beaucaire arrive qui doit bien brief venir,
» le vous envoierons avec les 100 lances et les 400 francs-archiers dont il
» a charge, et espérons au plaisir Dieu avoir bientôt fait par deça et in-
» continent en toute diligence vous irons secourir et vous menerons une
» belle compagnie. Au surplus croiés ledit Antoine Cavart de ce qu'il vous
» dira de par nous. Donné à Auxenis, le 12 juillet. Signé : Lors. »

    (Collection de M. Le Caron de Troussures.)

» sûrs que vous et vos affaires aurons à toujours pour recommandés
» comme nos bons vrais et loyaux sujets. Au surplus nous avons
» commandé vos priviléges anciens et tels que vous les aviez du
» temps de Philippe-le-Bel, et pareillement affranchis de toute taille
» pour vous et vos successeurs, ainsi que plus à plein avons chargé
» notre amé et féal conseiller et maître de nos comptes, maître Jean
» de Reilhac, vous dire plus à plein de par nous, par lequel saurez
» notre intention et le partement que faisons présentement de cer-
» tain nombre de nos gens de guerre.

» Donné au Lion-d'Angiers, le 15ᵉ jour de juillet (1). »

En action de grâces de ces glorieux succès, les Beauvaisins firent
éclater leur gratitude dans une procession générale, à laquelle
assistèrent tous les hommes de guerre de la garnison.

Après treize jours d'un continuel bombardement, Beauvais avait
réparé ses brèches, et n'avait perdu que très-peu d'hommes sur les
remparts; mais, de plus, on ne comprenait pas qu'il y eût eu si peu
de victimes dans une ville si remplie de monde. Non seulement
la mitraille et les boulets de pierre n'avaient cessé d'y pleuvoir,
mais continuellement, pointant aux clochers, aux faites des tours,
alors en si grand nombre dans la cité, les canons et les bombardes
en détachaient d'énormes blocs de pierre. Aussi disait-on qu'il y *avait
eu miracle de Dieu* (2), et chacun l'attribuait à l'intercession de
la glorieuse sainte Angadrême et des saints patrons de la ville.

Libre aux sceptiques modernes de bafouer ces naïves croyances,
qui trouvaient tant de foi chez les hommes du quinzième siècle; re-
marquons seulement qu'après avoir consolé ce peuple dans ses mi-
sères, elles venaient de lui inspirer un sublime courage, en face
d'une épreuve où les seules forces humaines auraient pu défaillir.

---

(1) Collection de M. Le Caron de Troussures.

(2) Contredits fournis par la ville au Mémoire de Jean de Bar devant le
Parlement. *Voir* en outre Ph. de Commines, Loysel, Louvet, Godefroid-
Hermand.

§. IV.

Jusqu'ici, nous avons vu les Beauvaisins se renfermer dans une prudente défensive ; maintenant, ils vont prendre une attitude d'agression. C'était à regret qu'ils avaient vu cesser les assauts, tant ils avaient le sentiment de leur force et de l'honneur qui leur en serait resté. Leur ardeur de combattre était telle que, dès le soir même du dernier assaut, on tira trois ou quatre cents combattans de toutes les compagnies des quartiers. A la tête de cette troupe et de seize cavaliers, le 10 juillet, à trois heures du matin, l'audacieux Salezar et Guérin Le Groing, élu de Fécamp, tentèrent une sortie et pénétrèrent dans le parc d'artillerie des Bourguignons. Autour de ses immenses campemens, l'ennemi avait creusé des fossés ou s'était retranché derrière ses nombreux chariots et son artillerie. Plusieurs tentes sont brûlées, deux officiers tués, et les relations portent à trois cents le nombre des Bourguignons laissés sur la place dans cette escarmouche. La retraite des Beauvaisins se fit avec moins d'ordre que leur sortie ; aussi la moitié de leurs cavaliers resta-t-elle sur la place.

Salezar rentra en ville traînant après lui sept canons enlevés, mais si vivement poursuivi qu'il fut forcé de jeter deux de ces pièces dans les fossés, et que c'est à peine si son cheval, percé des longues piques flamandes, put le porter jusqu'à Beauvais.

Ici commence, de la part des Bourguignons, une série de tentatives pour obtenir par ruse ce qu'ils désespéraient de gagner de vive force. Les ingénieurs du duc de Bourgogne se mettent à l'œuvre et font creuser des puits de mine, espérant faire sauter ces remparts

5

qu'ils ne peuvent abattre. Mais dans cette guerre souterraine, ils rencontrèrent un obstacle insurmontable dans la nature marécageuse du terrain. Assise au milieu des eaux, la ville dut aux eaux son salut.

Du reste, dans les endroits où les travaux des assiégeans pouvaient être contrariés, les Beauvaisins ne se faisaient pas faute d'opposer la sape à la sape, et d'éventer, par des contre-mines, toutes les tentatives de l'ennemi. Déjà, pour donner des chances à son projet, le duc avait tenté de détourner le cours du Thérain, essai infructueux, à raison de ce que l'eau se trouvait partout lorsque l'on voulait creuser (1).

A ces moyens de bonne guerre, Charles-le-Téméraire en joignit d'autres qui l'étaient moins. Des incendiaires, à sa solde, s'introduisirent dans la ville sous divers déguisemens. Mais il n'y a pas de police comparable à celle que fait tout un peuple. Aussi, les agens du duc furent-ils promptement découverts, démasqués, pris et pendus (2).

Vers la fin du siége, la ville reçut en témoiguagne de la sympathie des habitans d'Orléans, un convoi de provisions et de munitions, avec la lettre suivante qu'adressaient, aux Maire et Pairs de Beauvais, *les procureurs commis au gouvernement d'Orléans* :

« Orléans, le 18 juillet. (Reçue le 22.)

» Chiers et bons amis,

» Avons appris les grands et merveilleux assauts qui vous sont
» donnés chacun jour par les Bourguignons, à quoi vous et les nobles
» et vaillans chefs de guerre avez jusqu'ici vaillamment et puis-

---

(1) C'est sans doute pour rendre plus difficiles des tentatives ultérieures, qu'après le siége Tanneguy-Duchâtel, commandant de la place, voulut donner au Thérain un affluent de plus dans Beauvais, et fit creuser un nouveau canal venant de Saint-Lucien et aboutissant à la poterne Sainte-Marguerite. (*Collection de M. Le Caron de Troussures.*)

(2) Le *Discours du Siége de Beauvais* mentionne les noms de deux de ces espions : *Giacomo* et *Bernardi*, ce qui ferait penser que, dès cette époque, Charles-le-Téméraire avait à sa solde le condottière *Campo-Basso* et ses Italiens.

» samment résisté. Nous vous envoyons par Estienne Chartier notre
» serviteur, porteur des présentes, cinquante pipes de vin du crû de
» par deça pour de mieux en mieux vous entretenir (1). »

Cependant, le duc était depuis dix-huit jours devant Beauvais. Son
armée souffrait de la faim. Le vide se faisait autour de lui. Les garnisons voisines harcelaient ses cantonnemens, pendant que les gens
d'armes de la garnison l'inquiétaient par de fréquentes sorties.

Dans le camp bourguignon se trouvait alors, parmi les conseillers
de Charles-le-Téméraire, le jeune Philippe de Commines qui devait
être le premier historien de son siècle.

Des hauteurs de Saint-Lucien, d'où il contemplait cette prodi-
gieuse lutte d'une faible ville contre le nouvel Attila, quel spectacle
pour un pareil homme! et quelle matière à réflexions que ce triomphe
de la volonté sur la force brutale! Il dut en conclure, d'une part,
qu'il est des ressources d'énergie que possèdent seuls les peuples
libres; et d'un autre côté, qu'un roi qui savait inspirer à ses sujets
tant de confiance et de dévouement, était plus son fait que le sauvage
et fantasque maître qu'il s'était donné. Ces réflexions portèrent leur
fruit, et un mois n'était pas écoulé que Philippe de Commines quit-
tait le service de Charles-le-Téméraire pour passer à celui du roi de
France.

On tint conseil au camp Bourguignon. Le duc voulait que l'on
tentât une attaque du côté du midi et que l'on complétât l'investissement de la ville. Une lettre inédite de Louis XI aux Beauvaisins
atteste la réalité de ce projet. La voici :

« .... Et pour ce que nous avons été avertis
» que le duc de Bourgogne se vante de passer la rivière et loger en
» une abbaye qui est près de votre ville du costé de la porte de Paris
» pour cuider vous rompre les vivres, nous écrivons à nos capitaines
» estant en notre dite ville que, en ce cas, ils fassent abattre et dé-
» molir ladite abbaye, et pareillement les faubourgs, s'ils voient
» qu'ils puissent nuire à ladite ville, et au plaisir de Dieu nous les
» ferons refaire, mais pour rien ne voudrions souffrir aucune chose
» qui pût préjudicier à icelle notre ville, vu les bons et grands ser-

(1) Collection de M. Le Caron de Troussures.

» vices que vous avez faits et faites. Pouancé, ce 24me jour de
» juillet 1472 (1). »

Du reste, le duc fut seul de son avis. Tous ces conseillers furent
unanimes pour repousser une résolution aussi imprudente et impra-
ticable dans la situation actuelle, qu'elle était opportune et indiquée
dans les premiers instans et lorsqu'il l'avait obstinément repoussée.

La largeur des cours d'eau qui défendaient la ville au midi, les
forteresses de la porte de Paris et de la porte Saint-Jean hérissées de
canons et croisant leurs feux, une garnison redoutable, un peuple
aguerri et exalté par le succès ; et d'un autre côté, tout Paris sous
les armes, le roi s'avançant avec une armée de cinquante mille
hommes grossie des secours des villes voisines, telles étaient les
chances qui attendaient le duc si l'on eût suivi la folle pensée qu'il
avait de partager ses forces et de les placer entre deux feux.

Ajoutons à titre de conjecture, que très-vraisemblablement, l'abbaye de Saint-Symphorien, qui couronnait les hauteurs au midi de la
ville, était occupée et défendue. Les termes de la lettre de Louis XI
nous le font croire, et l'on sait positivement qu'il en était ainsi dans
les guerres de la Ligue (2).

Dès les premiers jours du siége, la famine s'était fait sentir dans
cette immense armée que la tactique et les ordres sévères de Louis XI
tendaient à isoler de plus en plus. Philippe de Commines, dans son
histoire, atteste qu'un pain qui se vendait 2 deniers à Beauvais, en
coûtait 36 dans le camp (3).

Harrassé de la longueur du siége qui lui avait déjà enlevé ses meil-
leurs soldats ; privé de subsistances et de moyens de s'en procurer,
le duc se décida à lever son camp. Avant de le faire, il voulut encore,
dans un manifeste, témoignage de sa colère, donner cours aux bruits
qu'il cherchait à accréditer contre le roi, et colorer sa honteuse retraite.

Après avoir déclaré qu'il a pris les armes pour sa sûreté, par suite

---

(1) Collection de M. Le Caron de Troussures.

(2) L'abbaye de Saint-Symphorien était alors défendue par un mur d'enceinte et des circonvallations qui commençaient à la porte Saint-Jean,
passaient derrière l'abbaye et s'étendaient jusqu'au faubourg Saint-Jacques.

(3) Ou 3 sols parisis. Grâce à de sages précautions, les marchés de la
ville ne furent jamais si bien pourvus que pendant le siége.

de l'infraction du roi à ses traités de paix, et en particulier à ce qu'il avait promis, au regard des ducs de Normandie et de Bretagne ; « de plus acertené que mondit seigneur de Normandie » n'a pas seulement été destitué de sa duché de Guyenne, mais aussi » de sa vie piteusement, par poison, maléfice, sortilège et invoca- » tions diaboliques, nous étant logiés auprès de cette ville de Beau- » vais, notre dit frère de Bretagne nous a présentement envoyés les » extraits de procès, confession et dépositions, faits touchant la mort » de mondit sieur de Normandie...... Laquelle mort ne devons pa- » tiemment tolérer ne souffrir. Mais sommes tenus comme aussi sont » tous princes et nobles personnages à icelle mort vengier et pour- » suire tous ceux qui en ont été causes....... Et pour l'exécution de » ce que dit est, tirons dès à présent en pays à la requeste de notre » dit frère de Bretagne. *Combien que nous eussions délibéré, as-* » *siéger et enclore de toute part cette dite ville pour avoir les gens* » *de guerre qui y sont en grand nombre à notre plaisir et volonté ;* » *laquelle chose nous était facile de faire par les moyens que avions* » *conçus.....* Au camp devant Beauvais, le 16e jour de juillet 1472 (1). »

Le 22 juillet à trois heures du matin, le duc était parti en bon ordre, et était allé coucher à Rougemaison, près Luchy. Il se retirait lentement, mettant tout à feu et à sac, espérant que la nombreuse garnison de Beauvais le poursuivrait, et qu'il pourrait en plaine se venger des affronts du siége. Mais obéissant à la politique de Louis XI, les troupes royales se gardèrent de lui donner cet avantage, et il fut décidé que quand il serait en pleine retraite, et que l'on connaîtrait le but de sa marche, on se bornerait à harceler ses derrières, à affamer son armée, sans jamais risquer un engagement.

Comme son arrivée, son départ fut marqué par des ravages et des incendies : Marissel, Notre-Dame-du-Thil, Wagicourt, furent livrés aux flammes ; et la tradition raconte que, par son ordre, une volée d'adieu fut dirigée sur la cathédrale. Tout le faubourg Saint-Quentin, ainsi que l'abbaye et l'église de ce bourg, avaient été impitoyablement brûlés. On regrettait surtout la flèche de Saint-Quentin, délicate merveille de pierre, et la plus belle aiguille du pays.

Il est inutile d'exprimer la joie de la délivrance à Beauvais. Les

(1) Ph. de Commines.

Beauvaisins sortaient en foule pour contempler ces ruines et ces dé-
vastations. Ils parcouraient l'immense emplacement du camp bourguignon. On se montrait les pavillons de Charles, ceux du duc de
Calabre (1), et ce parc d'artillerie, où Salezar et sa troupe de sortie
avaient fait leur audacieux coup de main. Tous les cimetières étaient
combles, tous les vignobles d'Abat-le-Vent, du Mont-Capron et
de Notre-Dame-du-Thil, étaient transformés en lieux de sépulture
où les ossemens de trois à quatre mille Bourguignons auraient pu
fournir les funèbres matériaux d'un ossuaire semblable à celui qui,
plus tard, s'éleva sur le champ de bataille de Morat.

La ville avait donc de grands désastres à réparer, ses alentours
ruinés, ses faubourgs détruits, ainsi que ses moulins, ses fabriques
arrêtées, ses murailles ouvertes par d'énormes brêches, des maisons
brûlées, un grand nombre d'églises et de bâtimens endommagés, de
plus son pavé entièrement enlevé. De justes dédommagemens lui
étaient bien dus, et l'évêque comprit qu'il devait être le premier
organe de la plainte publique. Aussi écrit-il le 24 juillet à la ville,
par Jean Boileau, pour l'avertir qu'il a l'intention d'aller trouver le
roi pour lui exposer ses pertes :

« Voulez-vous que j'expose les vôtres en même temps. Si vous
» avez intention de conduire votre fait à part, je vous prie mandez-
» le moi, car je serais bien joyeux que vous eussiez largement privi-
» léges et récompenses, pourvu qu'ils ne dérogeassent à mes droits,
» prééminences et prérogatives, car je vous ai bien servi, évidem-
» ment, comme verrez en fin de cause. »

Le duc parti, il ne faut pas croire que les craintes de la ville
furent entièrement dissipées ; du caractère dont on le connaissait,
on ne pouvait supposer qu'il ne cherchât pas à venger l'affront qu'il
venait d'essuyer. On tenait son départ pour une ruse de guerre et on
était persuadé qu'aussitôt l'œuvre de destruction accomplie en Normandie, il reviendrait sur Beauvais pour en avoir raison.

Aussi le guet de jour et de nuit n'y cessait-il pas, y réparait-on
activement les fortifications, et y maintenait-on une forte garnison ?

Le maréchal de Gamaches, Dammartin et Robert d'Estouteville, avec
huit cents lances, se bornèrent à suivre le duc, à harceler ses foura-
geurs, à lui couper les vivres, ce à quoi ils réussirent à souhait, pen-

---

(1) Nicolas de Lorraine, dernier représentant de la maison d'Anjou.

dant que d'un autre côté le connétable surveillait tous ses mouvemens.

Le 5 août le connétable de Saint-Pol écrivait aux maire et pairs : « J'ai reçu lettre du maréchal de Gamaches qui me mande » que les Bourguignons tiraient vers Arc et Dieppe, lui ai envoyé du » secours. Depuis ai appris qu'il tirent vers Gournay et Gisors; » me mettrai entre Rouen et Neufchâtel pour les cotoyer. Je ai » donné ordre au sieur de Boullon de venir à Beauvais, crainte que » les Bourguignons ne reviennent, auquel cas vous donnerai bon » secours. Besoin n'est de vous donner conseil de continuer la » grande loyauté qu'avez eue, et ne pas perdre la grande honneur » que le duc de Bourgogne vous a fait acquérir (1). »

Le 8 août, le roi, de son côté, écrivait de *La Guerche* en Bretagne ; il annonce toujours sa prompte arrivée avec son armée, promet des vivres, et il finit par ces mots : « Je ai écrit à tous les capitaines de » par delà d'avoir l'œil là où le duc de Bourgogne tirera ; et s'il » marche vers Beauvais, de se mettre dedans (2). »

Le 24 août, le connétable écrit de Rouen : « Il a reçu les lettres » par lesquelles la ville lui mande que le duc de Bourgogne a inten- » tion de venir à Beauvais y faire le pis qu'il pourra. Le connétable » promet d'y avoir l'œil et le cas échéant, d'envoyer secours (2). »

Le 27 août, autre lettre du connétable répondant aux craintes ex- primées par la ville, qu'un chef bourguignon, le sieur de Runestan, ne marche sur Beauvais. Le connétable pense qu'*il n'a puissance pour grever les Beauvaisins.*

Après avoir pris Eu et Saint-Vallery, incendié Neufchâtel et tout le pays de Caux, où, comme dans les environs de Beauvais, il brûla les blés sur pied, rasa les châteaux et détruisit les villages, le duc, pour dégager sa parole, attendit quelques jours devant Rouen son allié le duc de Bretagne. La force et la bonne contenance de cette ville lui ôtant toute idée d'attaque, et les murmures de son armée affamée et décimée par les maladies, l'engageant à retourner dans son pays, le 6 septembre il s'achemina vers la Flandre, où l'appelaient d'ailleurs les terribles représailles de Louis XI (3).

---

(1) Collection de M. Le Caron.

(2) *Idem.*

(3) Le duc n'eut pas plutôt le dos tourné , que Gamaches et d'Estouteville reprirent *Eu, St-Vallery* et le fort château de *Rembures.* (*Ph. de Commines.*)

La levée du siége avait causé une grande joie au roi qui apprécia toute la portée de ce grand événement. Sa première pensée fut de faire exécuter une représentation en argent de la ville de Beauvais. Ce projet d'*ex-voto*, qui était tout-à-fait dans les habitudes de Louis XI, fut abandonné et transformé en un don de mille écus à Notre-Dame de la Paix.

Le vendredi 19 janvier 1473, Louis XI, à sept heures du soir, arrive à Beauvais. De suite, sa première visite fut pour l'église de Saint-Michel où il fit sa prière devant la châsse de Sainte-Angadrême. De là il se rendit sans aucune cérémonie à Saint-Pierre où le reçurent quelques chanoines. Ce fut là qu'il fit don à l'église de mille écus en l'honneur de la sainte Vierge, en manifestant le désir qu'elle fût invoquée sous le titre de Notre-Dame de la Paix et que la cathédrale prît ce nouveau titre. Il avait cette idée si fort à cœur, que, lorsqu'il annonce aux chanoines, le 16 octobre suivant que la somme est à leur disposition entre les mains de Guiot Pot, bailli du Vermandois, sa lettre est adressée *à nos très-chiers et bien aimés les doyen et chapitre de Notre-Dame de la Paix, à Beauvais.*

Le chapitre eut le bon esprit de prendre l'argent du roi, d'en acheter la terre de Rotangy, sans autrement se soucier de la recommandation qui lui était faite par un aussi étrange dévot.

Déjà, par cinq lettres patentes successives (1), « le roi avait reconnu » et honoré de toute façon ces bourgeois de Beauvais, qui avaient si » vertueusement et si constamment, sans aucunement craindre, » varier, ni vaciller, soutenu l'effort de Charles de Bourgogne et de » toute sa puissance, et avaient résisté jusqu'à la mort en y em- » ployant vie et biens, femmes et enfans (2). »

Le roi, voulant proportionner sa reconnaissance au service rendu, s'empressa de restituer à la ville ses anciens priviléges diminués depuis les troubles de la Jacquerie : Libre élection de l'échevinage, et toutes ses conséquences ; droit de tenir des fiefs nobles ; exemption de l'arrière-ban et de toute imposition (5).

---

(1) Quatre données au mois de juillet 1472, à La Roche-au-Duc ; et une autre à Amboise, au mois de juin de l'année suivante.

(2) Termes des lettres-patentes. *(Voir* à la fin de cette Notice le texte entier de la lettre-patente.

(3) Sauf les taxes sur les bois, boissons, pieds-fourchus, vins et vinaigres ; ces derniers réduits au huitième au lieu du quart.

Dans sa dévotieuse gratitude pour sainte Angadrême, le roi voulut que, pour honorer cette patronne de la ville, dans une procession commémorative de l'assaut, les femmes, qui avaient courageusement porté sa châsse sur les remparts, marchassent les premières (1). Ce fut aussi dans ce voyage, qu'après s'être fait raconter tous les détails du siége, frappé de l'intrépidité des femmes, il voulut toutes les récompenser dans la plus intrépide. C'est alors que Jeanne Hachette (2) lui fut présentée. Son premier soin fut de lui trouver un mari ; mais la reconnaissance du roi ne s'arrêta pas là, et quelques jours après, Jeanne Laisné recevait des lettres-patentes datées de Senlis, et dans lesquelles Louis XI n'avait pas dédaigné de se faire le biographe de la pauvre fille.

C'est ainsi que, burinés par une main royale, le nom, la famille, le lieu de naissance, le mariage de Jeanne, aussi bien que sa mémorable action, échappant à l'oubli, sont passés de la tradition dans l'histoire.

Voici le texte de cette lettre-patente :

« Loys, par la grâce de Dieu. . . . . . . Scavoir vous faisons que
» pour considération de la bonne et vertueuse résistance qui fut faite
» l'année dernière passée par notre chière et bien amée Jeanne
» Laisné, fille de Mathieu Laisné, demeurant en notre ville de
» Beauvais, à l'encontre des Bourguignons, nos rebelles et désobéis-
» sans sujets, qui ladite année s'efforcèrent de surprendre et gagner
» sur nous et notre obéissance par puissance de siége et d'assaux
» notre dite ville de Beauvais, tellement que en donnant lesdits as-
» saux, elle gagna et retira devers elle un estandart ou bannière

(1) Par la même charte, le roi lève, en faveur des Beauvaisines de tout état, les sévères prohibitions portées par les lois somptuaires d'alors.

(2) C'est à l'historien Mézerai que *Jeanne Laisné* doit le surnom de *Hachette*, dont avant lui on ne trouve trace nulle part. Ce surnom a prévalu, et il a été imposé à la rue du Puits-Jesseaume où s'élevait encore, au commencement de ce siècle, l'humble maison de Jeanne. Au-dessus de la porte, et en souvenir du siége, on y voyait incrusté un boulet de pierre aujourd'hui déposé au Musée. La maison a disparu, et par un hasard qui ressemble à une réparation, l'humble demeure de Jeanne a été transformée en une école gratuite de jeunes filles.

» desdits Bourguignons, ainsi que nous estant dernièrement en notre
» dite ville avons été de ce dûment informés. Nous avons pour ces
» causes et aussi en faveur du mariage de Colin Pilon et elle, lequel
» par notre moyen a été naguière traité, conclud et accordé, et
» pour autres considérations à ce nous mouvant octroyé et oc-
» troyons par ces présentes que lesdits Colin Pilon et Jeanne sa
» femme et chacun d'eux soient et demeurent leur vie durant francs,
» quittes et exempts de toutes les tailles qui sont et seront imposées
» par nous dans notre royaume, soit pour le fait et entretenement
» de nos gens de guerre ou pour quelqu'autre cause que ce soit,
» et aussi de guet et de garde-porte, quelque part qu'ils fassent leur
» demeurance en nostre dit royaume.

» Si mandons et ordonnons. . . . . . Donné à Senlis, le 22ᵉ jour
» de febvrier 1475. »

Ces priviléges, comme ceux obtenus par les Beauvaisins, furent
criés sur les places et dans les carrefours de Beauvais par les sergens
de la ville précédés de quatre trompettes (1).

Aux premières Processions de l'Assaut, on voyait Jeanne Laisné
portant ce drapeau (2) qu'elle avait *print et arraché aux Bourguignons, sans autre baston ou aide*, dit une chronique. Autour d'elle,

---

(1) A la mort du roi, la ville députe Pierre de Creil et Laurent Danse,
pour obtenir de son successeur la confirmation de ces priviléges, si chère-
ment achetés. (*Collection de M. Le Caron de Troussures.*)

(2) Ce drapeau, déposé autrefois dans l'église du couvent des Jacobins,
est conservé aujourd'hui à l'Hôtel-de-Ville : il a 1 mètre 949 millimètres
depuis le bois de la lance jusqu'au côté opposé. Sa plus grande hauteur est
de 1 mètre 218 millimètres, et il va toujours en diminuant jusqu'à l'extrémité, qui n'a que 731 millimètres. Il était sans doute plus long autrefois,
mais il aura diminué par suite des réparations qu'on y a faites.

Dans la partie supérieure, voisine de la lance, sont les armoiries du duc de
Bourgogne, ayant pour support deux pivots en forme de chandeliers d'é-
glise. C'est un écusson de seize quartiers. Aux 1ᵉʳ, 6ᵉ, 11ᵉ et 16ᵉ, de gueules
à une tour d'or crenelée. Aux 4ᵉ et 10ᵉ, losangé d'azur, crenelé de gueules
et d'argent, à une fleur-de-lys d'or. Aux 7ᵉ et 13ᵉ, bandé d'or et d'azur
qui est de Bourgogne ancienne. Au 8ᵉ, d'azur, à une aigle impériale de
sable. Au 12ᵉ, d'argent, au lion de sable. Les 2ᵉ, 3ᵉ, 5ᵉ, 9ᵉ, 14 et 15ᵉ quartiers sont complètement effacés.

Parallèlement au bois de la lance et dans toute la hauteur, on voit saint

était rangée la compagnie privilégiée des arbalétriers établie par Louis XI, et recrutée parmi les plus vaillans défenseurs de la ville.

Mais toute chose a son mauvais côté, et déjà le 4 juillet 1474, les maires et pairs se concertaient avec le chapitre pour se pourvoir contre l'insolence des gens de guerre. Des députés furent envoyés au roi qui se contenta de répondre à la ville :

« Très-chiers et bien-aimés, vous savez les grands, beaux édifices
» et réparations qui ont été et sont faits pour la sûreté des fortifica-
» tions de la ville de Beauvais. Nous vous prions que sur les tours,
» boulleverts, escluses et autres édifices, vous les faites couvrir de
» tuiles, en manière qu'ils ne puissent tomber en ruine, car il nous
» en déplairait très-fort (1). »

Le roi craignait alors la jonction du duc de Bourgogne avec les An-

---

Laurent tenant son gril. Sa figure est de couleur naturelle ; il est revêtu d'une tunique de diacre, en or, doublée de bleu ; au-dessus du gril est un petit écusson sur lequel on distingue, avec difficulté, un lion de sable fleuronné, et au-dessus de cet écusson, un rouleau à trois plis, sur lequel on ne lit distinctement que ces mots : *Plus que tre* en lettres romaines.

Parallèlement à la figure du saint, et aussi dans toute la hauteur du drapeau, sont deux mousquets en sautoir, jetant des espèces de flammes figurées comme des hermines. A l'embouchure de l'un d'eux il y a une balle : ils sont réunis dans le milieu par la couronne ducale de forme ancienne. Le bandeau, au lieu d'être surmonté d'un rang de trèfles et de fleurons, porte deux trèfles aux extrémités de la couronne, retroussée en forme de corne de bélier, et un seul fleuron au milieu.

A l'extrémité du drapeau, on lit le mot *burg* en lettres gothiques de 487 millimètres de long. Au-dessus est représenté horizontalement un bois d'arbalète dont le bout est brisé.

Tous ces ornemens sont peints en or, très-solidement, car les parties dorées ont résisté à l'action du tems, tandis que le fond, qui est de damas à fleurs est en lambeaux. (*Histoire de Beauvais*, par *De La Fontaine.*)

Le 28 octobre 1848, les Beauvaisins virent de nouveau se déployer dans leurs rues le glorieux emblème du courage de leurs pères. Faisons des vœux pour qu'une cérémonie à la fois religieuse et nationale rappelle tous les ans ce grand souvenir, que perpétuera, nous l'espérons, le monument que la reconnaissance de nos contemporains doit ériger à *Jeanne Laisné.*

(1) Collection de M. Le Caron de Troussures.

glais, et son retour devant Beauvais (1). Sa crainte n'était pas chimé-
rique, car en 1476, à l'expiration de la trève, le duc de Bourgogne
voulut recommencer les hostilités et rentra en Picardie. Mais il fut
poursuivi et ramené jusqu'à Arras, par les garnisons d'Amiens et de
Beauvais qui revinrent chargées de butin (2).

Ce fut sa dernière expédition en France, où jamais Charles-le-
Téméraire ne devait rentrer. « Le siége de Beauvais, dit M. de Barante,
» l'expédition dans le royaume avaient si mal réussi au duc, que
» selon son caractère vif et superbe, il avait pris du dégoût pour les
» affaires de France. »

Et de fait, Charles-le-Téméraire se jeta tête baissée dans des querelles allemandes, conquit le duché de Gueldre, et carressa plus que
jamais, ce qui était sa chimère, la création d'un royaume de Bourgogne, le titre de roi des Romains et de vicaire impérial.

Plus tard, pour arriver à ses fins, il mit en avant le mariage de sa
fille avec Maximilien d'Autriche, et offrit à l'empereur de s'armer
contre les ligues suisses et d'envahir leur pays.

Quant à Louis XI, loin de contrarier les projets de son ennemi, il
les favorisa, suivant le sage conseil de Commines, qui lui
disait : « Laissez-le s'aller heurter contre ces pays d'Allemagne, qui
» sont plus grands et plus puissans qu'on ne saurait croire... Pour
» vous venger de lui, il suffit de le laisser faire. » Paroles prophéti-
ques qui semblaient annoncer les défaites de Grandson et de Morat,
et la mort de Charles dans l'étang glacé de Nancy.

Ainsi finit cet homme terrible, sans lumières, privé de sens, dépourvu de foi, n'ayant qu'un courage aveugle, dernier spécimen
de cette féodalité qui tombait avec lui.

Louis XI survécut à son puissant vassal, et, avant de mourir, ce
profond politique avait réuni à la couronne six nouvelles provinces
conquises sans coup-férir ; en échange de lourds impôts, il léguait à
la France une administration vigoureuse, une armée permanente,
des juges indépendans, sources de cette unité nationale dont il était
le fondateur. Il avait protégé le commerce et l'industrie, accru la
marine, créé les postes, favorisé l'imprimerie, préparé la réforme

(1) Godefroid-Hermand.
(2) Histoire d'Amiens, par le P. Daire.

judiciaire, et par là glorieusement inauguré l'ère nouvelle dont il hâta l'avénement.

Certes, à ne juger que d'après les résultats, nul homme n'a mieux que lui mérité de la civilisation. Et pourtant, à ce roi si détesté de son vivant, la postérité n'a pas été moins sévère que ses contemporains. Grande leçon que l'histoire ne se lasse pas d'infliger à ceux qui, faisant du crime un moyen, et de la raison d'Etat une excuse, oublient que la morale et la justice ont des principes éternels et absolus.

Que ces grandes figures ne nous fassent pas oublier les personnages secondaires qui ont paru dans ce récit.

Après avoir un instant traité de puissance à puissance avec son maître, le connétable de Saint-Pol paya de sa tête ses trahisons et ses vues ambitieuses (1).

Le maréchal de Gamaches, bien moins coupable, faillit avoir le même sort : jugé et condamné, il obtint sa grâce après un emprisonnement comme en infligeait Louis XI.

Son successeur dans le commandement militaire de Beauvais, Tenneguy Duchâtel (2), mourut en 1477 au siége de Bouchain, et Crussol-Lévis, en Catalogne.

Suivant l'exemple du seigneur de Commines, d'Himbercourt (3) et Philippe de Crevecœur devinrent de zélés serviteurs de Louis XI (4), à tel point que c'est à ce dernier que, sur son lit de mort, le roi confia la jeunesse de son fils.

Il était dans la destinée de Philippe de Crevecœur de toujours échouer dans ce qu'il entreprendrait à Beauvais. Seize ans après le siége, ce tout puissant seigneur avait obtenu pour son neveu l'évêché de Beauvais. Mais il vint se heurter contre les priviléges du chapitre

---

(1) Elles ne tendaient à rien moins qu'à se créer une principauté indépendante, dont eût été chef-lieu la ville de Saint-Quentin où il commandait, et qui avoisinait ses seigneuries. — Louis de Luxembourg, comte de Saint-Pol, était l'aîné de la maison impériale de Luxembourg, et parent du duc de Bourgogne. (*Ph. de Commines, Anquetil.*)

(2) Sénéchal de Beaucaire et neveu du célèbre prévôt de Paris du même nom. (*Collection de M. Le Caron de Troussures.*)

(3) Gui de Brimeu, célèbre comme négociateur et homme de guerre.

(4) Car, selon sa coutume, Louis XI termina cette dernière guerre féodale *par beaucoup donner et encore plus promettre,* comme l'explique très-bien son confident, Ph. de Commines.

que les chanoines revendiquèrent en élisant, au mépris de cette no-
mination, Villiers de l'Isle-Adam. Ils soutinrent la validité de leur
élection avec une vigueur qui finit par triompher, et qui tint en
échec huit ans durant le vieux maréchal et son neveu.

On ne retrouve pas sans intérêt, dans les vieilles archives de Beauvais, les marques de reconnaissance données par la ville à ses défenseurs étrangers. Ainsi, quand *noble homme, bon chevalier, loyal et
vaillant messire de La Roche-Tesson* meurt à Noyon des blessures
qu'il a reçues à la porte de Bresles, la ville entière assiste au magni-
fique *obit* célébré en son honneur dans la cathédrale. Les secours et
les présens des Beauvaisins vont chercher dans Amiens et dans Noyon
Sallezar et *Fontenailles*, ces braves *qui avaient secouru en son
besoin cette ville de Beauvais*, porte la délibération municipale (1).

Quant à la ville elle-même, elle sortit de cette grande lutte plus
forte qu'elle n'avait jemais été. L'industrie y cicatrisa rapidement
les plaies d'une guerre qui, en définitive, avait accru la population
de Beauvais, augmenté ses forteresses, et surtout affermi dans ses
murs l'esprit communal, à l'instant où partout ailleurs il était com-
primé.

L'amour des Beauvaisins pour leurs libertés, et le zèle avec lequel
ils en recherchaient les vieux titres, éclatent dans la lettre suivante.
C'est un de leurs concitoyens qui parle, Thibaut de Cagneux, notaire
et secrétaire du roi. Il nous les montre à la poursuite de l'introuvable
Charte de Philippe-le-Bel.

« Paris, 28 juillet 1472.

» J'ai cherché au Parlement et à la Chambre des Comptes et n'ai
» trouvé aucune chose de vos anciens priviléges, par registres ni par
» rapports de gens à ce connaissant. Il faudrait chercher de longue
» main au trésor des Chartes du roi : mais il vaut mieux demander
» exemptions et priviléges utiles selon le tems, comme de tailles,
» aides, impositions, dixmes et autres charges, avec provision de
» deniers pour réparer la forteresse; pourquoi Monsieur de Beau-
» vais doit aller vers le roi, Messieurs de l'Eglise doivent y envoyer
» aussi; me semble que vous devez y aller et ne vous séparer d'eux
» pour ce. »

---

(1) Collection de M. Le Caron de Troussures.

Ces sages conseils furent écoutés. Les Chartes de priviléges accordées par Louis XI aux Beauvaisins en sont la preuve.

La situation de l'évêque dans sa ville épiscopale était délicate. Le siége et l'incendie avaient fait de son palais une ruine et l'avaient forcé à se retirer dans une maison canoniale voisine. Ses revenus étaient presque nuls et ses fermiers ne pouvaient le payer, suite de la guerre dont il souffrait en commun avec le chapitre et tous les possesseurs de terre. Il voyait son clergé écrasé d'impôts, et forcé, pour y faire face, à engager le trésor de Saint-Pierre.

D'un autre côté, le corps de ville, fort de l'appui du roi, reprenait l'éternel litige de la juridiction; chaque jour, Jean de Bar venait demander appui et jonction au chapitre pour résister à ce qu'il appelait les empiètemens de la commune. Le maire voulait-il faire exécuter une sentence qu'il avait rendue, les officiers de l'évêque s'y opposaient de vive force et mettaient la main sur le sergent instrumentaire, lequel criait : *Aide au Roi !* et disait hautement qu'il ne reconnaissait d'autre maître dans la ville que le maire.

Cent ans plus tôt ces dissensions se fussent réglées avec des flèches et des hallebardes. Au temps de Louis XI elles aboutirent à un procès (1). Louis XI intervint dans la querelle en évoquant l'affaire au grand conseil qui donna gain de cause à la ville.

Plus tard, nouveau procès devant le parlement. Cette fois, c'est de diffamation qu'il s'agit. Louis XI est mort, et l'évêque croit que le moment est venu de faire disparaître d'une charte de privilége, accordée à la ville par le feu roi, certaines expressions qui attaquent son honneur, en le représentant comme s'étant enfui de la ville au moment du danger. Enquête, contredits, mémoires signifiés de part

(1) A côté de griefs sérieux, la ville ne dédaignait pas des imputations moins graves, mais caractéristiques cependant. Ainsi, à l'occasion de l'expédition d'Arras, Beauvais ayant sollicité et obtenu l'exemption d'une prestation personnelle, le conseil de ville crut devoir offrir au roi un *lanier sor*, oiseau de proie très-renommé dans le pays. On en demanda un à l'évêque, qui en avait de fort beaux dans sa fauconnerie, et Jean de Bar n'eut pas honte de vendre vingt-huit ducats l'oiseau qu'il eût dû s'empresser d'offrir en pur don. (*Contredits fournis au Parlement.*)

et d'autre ; les Beauvaisins soutiennent que l'insertion qui blesse
l'évêque a été faite du propre mouvement du roi. Il s'est montré
furieux du départ de Jean de Bar ; il a proféré des paroles de colère
et de mépris contre cet évêque, qui, *mu d'un mauvais et pusilla-
nime courage, s'en était allé pour dormir et boire à son aise* (1).

Ce n'était pas d'ailleurs par les Beauvaisins que Louis XI avait
connu la fuite de l'évêque. « Le roi, très-curieux de tout ce qui
» se passait en son royaume, et surtout lors à Beauvais, avait des
» gens nommés *postes* qui l'instruisaient en vingt-quatre heures ou
» autres petits termes de ce qui se passait et du partement dudit
» évêque (2). »

Passons rapidement sur le point de droit où l'absence d'intention
injurieuse est longuement démontrée, et n'y relevons que ce trait
éclatant qui fait si bien ressortir les dangers que courait l'évêque dans
sa ville et dans sa maison : *Ubi plus mors quam vita sperabatur et
desolatio quam salus* (5). Paroles où respirent encore l'émotion de
l'assaut et l'héroïque détermination des assiégés.

Toutes ces dissensions eurent un terme. De bons esprits intervin-
rent pour *pacifier la matière*. On se fit des concessions réciproques.
Jean de Bar n'était ni méchant homme, ni mauvais seigneur. Le
temps fit son œuvre ; et en vieillissant, l'évêque appréciant mieux
les douceurs de la paix, fit tout ce qu'il fallait pour se la procurer.
S'il avait mal commencé avec ses diocésains, il sut du moins bien
finir et mourut regretté, laissant par son testament des libéralités à
son église ; à l'Hôtel-Dieu son petit tuyau d'argent pour faire boire
les malades ; et à son successeur, les bons canons de cuivre qu'il avait,
de ses deniers, ajoutés à l'artillerie de sa tour de Craoul. Son corps,
déposé dans le chœur de Saint-Pierre entre le candélabre et l'Epître,
fut recouvert d'une pompeuse épitaphe. Ce qui vaut mieux pour

(1) Contredits fournis au Parlement.

(2) Contredits fournis au Parlement. Ce document est curieux, en ce
qu'il fait remonter à l'année 1472 l'existence des *postes*, qu'en général on
ne fait dater que de 1482.

(3) Où l'on s'attendait plutôt à la mort qu'à la vie et à la ruine qu'au
salut. (*Contredits fournis au Parlement contre l'évêque.*)

sa mémoire, c'est que vingt ans après sa mort, dans une année où le pain était cher, et lorsque l'on murmurait contre son successeur accusé de vendre clandestinement son blé à des marchands étrangers par la porte de l'Islette (1), le peuple s'écriait : *Dieu ait l'âme de feu Monsieur ; il ne nous faisait pas ainsi !*

LETTRE-PATENTE DE LOUIS XI.

(Note 2, p. 40.)

« Loys par la grace de Dieu Roy de France. Sçavoir faisons à tous
» présens et avenir : Comme il soit tout notoire, et soyons aussi à
» plain informez, tant par nos chefs de guerre à présent estant à
» nostre ville de Beauvais, que par en maintes manières, Comme
» nos chers et bien-amez les Maire, Pairs, bourgeois, manans et
» habitans de nostre ville de Beauvais, voulans garder et monstrer
» par effect leur très-grande loyauté que ils ont tousjours eu et ont
» en suivant la trace de leurs prédécesseurs, qui l'ont toujours ainsi
» faict sans varier, à lencontre des Anglois nos anciens ennemis et
» leurs alliez nos rebelles et desobeyssans subjets et adversaires de
» nous et de nostre Royaume ; avoir vertueusement et constamment,
» sans aucunement varier, douter, ne vaciller puis trois sepmaines
» en çà, et soustenu la venue, ferocité, armée, assemblee illicite,
» en forme d'Ost, siege, et puissance desordonnée de Charles de
» Bourgogne nostre rebelle et desobeyssant subject, et de ses se-

---

(1) Poterne donnant sur les jardins l'évêché. La porte de l'Islette, une de ces querelles toujours ouvertes entre l'évêque et la commune. Le maire, gardien des portes de la ville, prétendait ne pouvoir rendre bon compte au roi de la garde d'une ville accessible par un point soustrait à sa surveillance, et exigeait que l'évêque, quant à la fermeture de la porte de l'Islette, se soumît à des formalités auxquelles se refusait le prélat en qualité de seigneur de la ville.

4

» quaces et complices, avec plusieurs très-rudes et puissants assauts,
» par eux faicts et donnez subvertir, ou la réduire à leur très-dam-
» nable entreprise et intention, tant auparavant la venue de nosdits
» chefs de guerre et Capitaines en ladite ville, que depuis qu'ils y
» ont esté arrivez, et iceux Bourguignons et tous leursdits assauts
» repoulsant y employé leurs corps et biens, femmes et enfans, sans
» aucunement eux espargner jusques à la mort. A l'occasion des-
» quelles choses iceux Maire et Pairs, bourgeois et habitans ont
» souffert, soustenu, et encore souffrent et soustiennent pour garder
» leurdite loyauté, grands périls, pertes, dangers, despences, dom-
» mages, et intérêts, dont ils sont grandement à loüer, et les en
» avons en singuliere grace et cordiale dilection. POURCE est-il, que
» nous desirans lesdits Maire, Pairs, bourgeois et habitans de Beau-
» vais, aucunement renumérer desdits services, et iceux recognoistre
» envers eux. A iceux pour ces causes, et autres à ce nous mouvans,
» avons octroyé, permis et consenty, octroyons, permettons et con-
» sentons de nostre grace speciale, pleine puissance et authorité
» Royale par ces présentes, qu'eux et leurs successeurs en ladite
» ville, puissent, et leur loist doresnavant chacun an eslire et faire
» Maire et Pairs en ladite ville, de telles personnes suffisantes et y
» doines, soit Clercs, gens de fiefs, et autres tels adviseront, pour
» le bien de lacdite ville soient tenus obeyr aux Maire et Pairs pour
» comparoir aux assemblées qui par eux seront advisées estre faictes
» pour le bien et vtilité de ladicte ville, sur peine de dix sols, ou
» autre amende, à la discretion et arbitrage desdits Maire et Pairs,
» le tout à appliquer au profit de la fortification de ladite ville, et
» non ailleurs : nonobstant quelque observance ; usage, et maniere
» de faire, qui par cy-devant auroit esté observée et gardée au
» contraire. SI DONNONS en mandement, etc. Donné à la Rocque-au-
» Duc ou mois de Juillet, l'an de grace 1472, et de nostre regne le
» XI. Ainsi signé par le Roy. Vous M. JEAN HERBERT et autres pré-
» sens. FLAMENG. »

Voir dans *Loisel*, les quatre autres Chartes par lesquelles sont conférés
les autres priviléges accordés au restitués par Louis XI aux Beauvaisins.

LISTE

des Beauvaisins de toute condition, présens au Siége de Beauvais, et dont les noms ont pu être retrouvés dans l'histoire, la chronique ou des documens publics.

(NOTE 2, p. 30.)

ECCLÉSIASTIQUES.

Jean de Bar, évèque et comte de Beauvais.

Guillaume de Cambray, grand-vicaire.

Jehan de Châteauneuf, archidiacre.

Gilles de Berthaucourt, chantre.

Pierre de Crécy, sous-chantre.

Thibaut de Cagneux, député aux Etats-Généraux.

Jehan Chenard, théologal.

Jehan de Bonneuil, trésorier.

Jehan Danse.

Florent Houlier.

Jehan Cabordeau.

Remy Fessel.

Adrien Questel.

Etienne de Muidorge.

Jehan Bernard.

Jehan Porchet.

Roland Duport.

Jehan Isoré.

Pierre Touliffaut.

Pierre Le Découpeur.

Jehan Regnault.

Jehan Belin.

Pierre d'Argillières.

Jehan Bredouille.

Adam Chenart.

Thibault Le Bastier.

Robert Dumesnil.

Jehan Godin.

Dupré.

Gui Cossart.

Jehan Croquemure.

Jacques Quesnel.

Jehan Dupont.

Nicolas de Montrelet.

Jehan Borel, chanoine de Saint-Michel.

Jehan de Villers-Saint-Paul, abbé de Saint-Lucien.

Jehan de Boubiers, abbé de Saint-Quentin.

Jehan Le Masson, abbé de St-Symphorien.

Pierre Aubert, abbé de Saint-Germer.

Jehan Papin, abbé de Breteuil.

LAÏQUES.

Guillaume Binet, Maire.

Jehan Mercadé,
Pierre Mauger,
Noël de Catheu,
Pierre de Creil,
Pierre de Lignières,
Jehan de Provins,   } Pairs.
Pierre de La Benne,
Jehan de Cagueux,
Guillaume Le Voignier
Jehan Lequeux,
Percheval d'Eu,
Nicolas Chofflart,

Jehan le Boucher
Martin Dubus,   } anc. Maires.
Jehan Boileau

Loys Commel de Balagny, capitaine.

Jehan Legoix, lieutenant du capitaine.

Jehan Deaule, procureur de la ville.

Jehan Courras, M° des forteresses.

De Feuquières, bailli de l'évêque.

M° Aubert, seigneur de Condé, avocat.

M° Jean de Bréquigny, avocat.

M° Laurent Thibault, avocat.

Pierre Marc, avocat.

Laurent Danse.

Jehan le Bastier.

Jehan Binet.

Jehan de Caigneux.

Pierre de Dampierre, orfèvre.

Toussaint Cantrel.

Odart de Nery.

Pierre le Seillier.

Nicolas Le Boucher.

Nicolas Dupré.

Pierre Grenier.

Jehan de Lenglest

Pocquelin.

Jehan Serpe.

Nicolas Chaufflart.

Martin Ticquet.

Ladain (Nicolas).

Pierre Godin, pelletier.

Gérard Boullet,
Guillaume Dolle,   } pro-
Nicolas le Boutellier, } cureurs
Pierre Masset,

J. Caron.

Guillaume de Gamaches M° de grammaire.

Colinet Blairie.

Jehan le Baucher, apothicaire.

Pernot le Blanc.

Martin Sauvale, drapier.

Robin Lenoir, gantier.

Jacotin Latour.

Nicolas de Creil, tanneur.

Jehan le Monnier, charron.

Pierre Boutellier.

Jehan Fournier.

Simon Coulombel, huchier.

Laurin le Comte.

Jehan Cordier dit l'Hermite.

Pierre Bourgeois.

Jehan Lerat.

Martin Bourgeois.

Ninet le Filassier.

P. Galopin.
Oudinet Duclos, laboureur.
Jehan Lauret.
J. Dufeste.
J. Reussel.
Beaudin, boulanger.
Flourot Dupont, boulanger.
J. Hemard.
Marquet Le Solennier.
Pierre Maugier.
Simonet de Saint-Just.
André Jacquet.
Andrieu Vennier, fourbisseur.
Pierre Henin.
Pierre de La Netx ou de La Nault,
    hostelain.
Drouain Doudeur ou Doudeuil.
Willias.
Nicolas Fauvel.
Fleurot Daurevelle.
Michon Lelong.
J. Herent.
Guillaume Le Roux.
Pernot Petit.
J. Le Savetier, sergent la ville.
Bredoulle.
J. Suret.
Pierre Durand.
G. Le Foulon.
Mathias Le Normand.
J. Le Blanc.
Berthaut Pocquelin, tixerand.
J. Hamon.
J. Boisarde.
Mathieu Laisné.
Jehan Pierre Laisné, son neveu.
Colin Pilon.
Motois.

Blanchet-Bourdel.
Venot Hazard.
Drouet Capys.
Dubuisson.
More.
J. Denise.
Boissard.
Aleaume Moultarde.
Guillaume de Rimaucourt.
J. Stard.
J. Thorini.
Henriet de Bessangui.
Jehan Papin.
Pierre Aubert.
Hotinet.
Etienne Lamoureux.
Jacques Lebreton.
Jehan Fieuchon.
Philippot Masset, de Saint-Just.
Etienne Vatouseul.
Regnaud Le Tabourin.
Mathieu Nypon.
Jehan Le Normand.
Jehan Reussel.
Durand Chauvin.
Nicolas Auger.
De Hottot.
Nicolas Fauvel.
Jacques Roussard.
Thibaut Despeaux.

Petit,
De Bumerny,   } Notaires.
Pinard,
De La Fontaine,

Solon du Perrier.
Jacques Augier.
Robert Blairy.

Noms des Maires et Pairs de la ville de Beauvais, pendant les six années qui ont suivi le siége (1).

1475.

Pierre de Creil, maire.

Jean Mercadé.
Percheval d'Eu.
Pierre de la Besse.
Jean de Cagneux.
François-Guillaume Binet.
Guillaume Levoignier.

Nicolas de Creil.
Mᵉ Pierre de Creil.
Jean Vieillard.
Nicolas Chofflart.
Pierre Mauger.
Jean Lequeux.

1475.

Jean Legoix, maire.

Guillaume Binet.
Percheval d'Eu.
Pierre de la Bene.
Nicolas Chofflart.
Jean Vieillard.
Jean Galoppin.

Imblot-Bredouille.
Guillaume Levoignier.
Nicolas de Creil.
Jean Couras, Mᶜ des forteresses.
Pierre de Lassault.
Estienne Harlé.

1476.

Jean Legoix, maire.

Jean Vieillard.
Imblot Bredouille.
Noël de Catheu.
Guillaume Pouvermy.
Adam Decoupeur.
Nicolas Famet.
Martin Haranguer.

Pierre de Feuquières le jeune.
Colin Dupré.
Jean Lebastier.
Saint-Jean Mercadé.
Oudain.
Jean Le Boucher, clerc.
Jean Couras, Mᶜ des forteresses.

---

(1) Note communiquée par M. *Le Mareschal de Grasse.* Inutile de faire remarquer l'honorable signification de ces élections qui ont immédiatement suivi le siége.

1477.

Guillaume Binet, maire.

Jean Vieillard.

Guillaume de Bumerny.

Jean Lebastier.

Pierre de Feuquières.

Martin Haranguier.

Imblot Bredouille.

Pierre de Lignières.

Jean Boileau, le jeune.

Pierre de Labene.

Guillaume Levoignier.

Pierre Le Scellier.

Saint-Jean Mercadé.

Thibaut Despoulx, 1er clerc.

Jean Couras, Me des forteresses.

Jean Boileau, le jeune, receveur des deniers communaux.

1478.

Guillaume Binet, maire.

Pierre de Labene.

Plerre de Feuquières

Pierre de Lignières.

Adam Decoupeur.

Jean Vieillard.

Gillaume de Bumerny.

Martin Haranguier.

Nicolas Chofflart.

Jean Lebastier.

Noël de Catheu.

Colinet Le Boucher.

Pierre Duberle.

1479.

Pierre de Labene, maire.

Guillaume Binet.

Toussaint Canterel.

Nicolas Famet.

Nicolas Gallopin.

Jacques Lamarche.

Mathieu Jolly.

Noël de Catheu.

Adam Decoupeur.

Jean Lebastier.

Nicolas Chofflard.

Pierre de Bertheverte.

Guillaume Levoignier.

www.ingramcontent.com/pod-product-compliance
Lightning Source LLC
LaVergne TN
LVHW021732080426
835510LV00010B/1212